仁學

譚嗣同 著
湯志鈞・湯仁澤 校注

臺灣學生書局印行

譚嗣同像

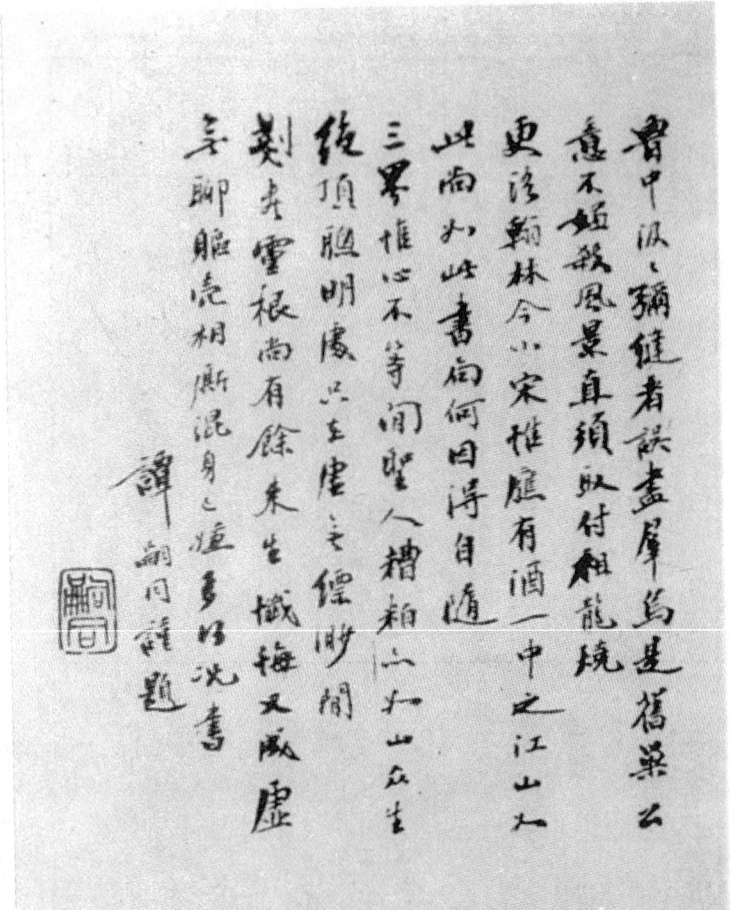

"Writing a Poem on Chiang P'iao's Painting *Practising Calligraphy*" (題江標（建霞）《修書圖》, 1897) in T'an's own handwriting.

譚嗣同手跡

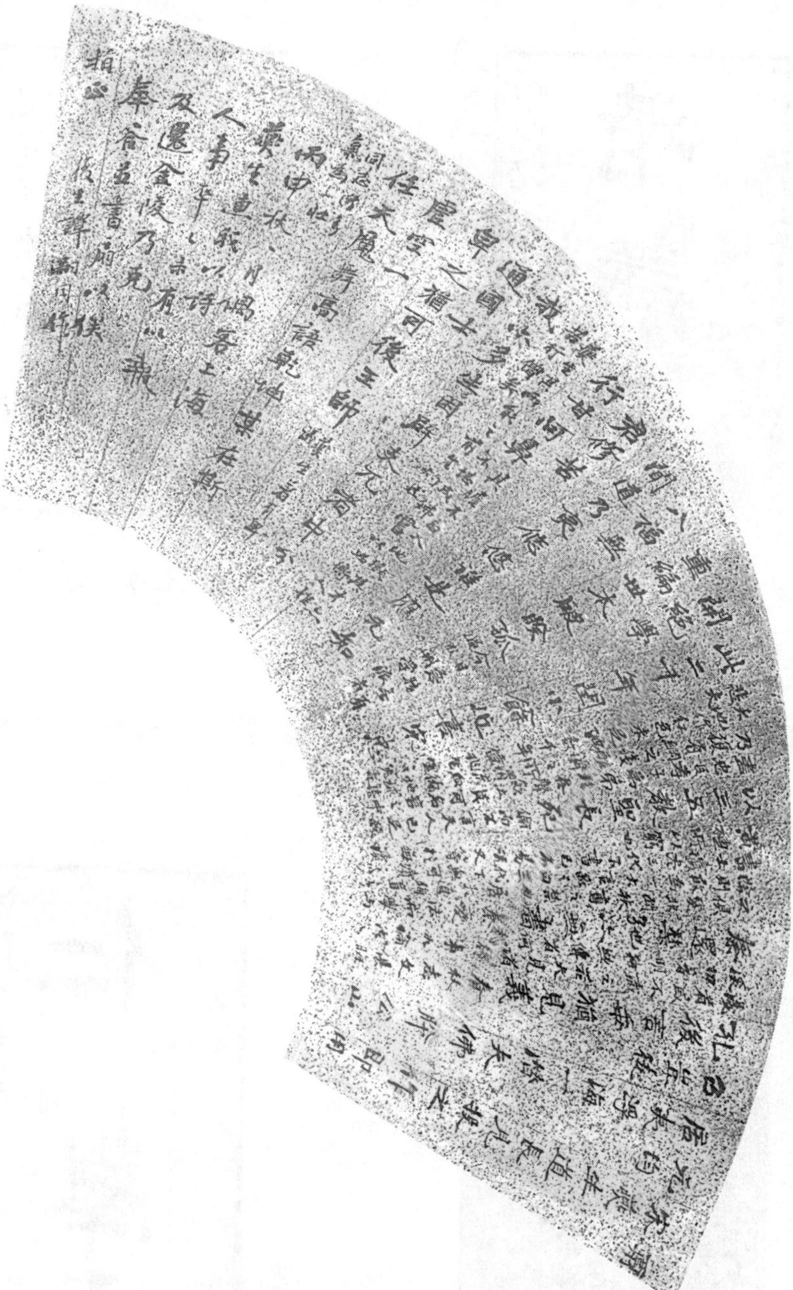

譚嗣同書扇

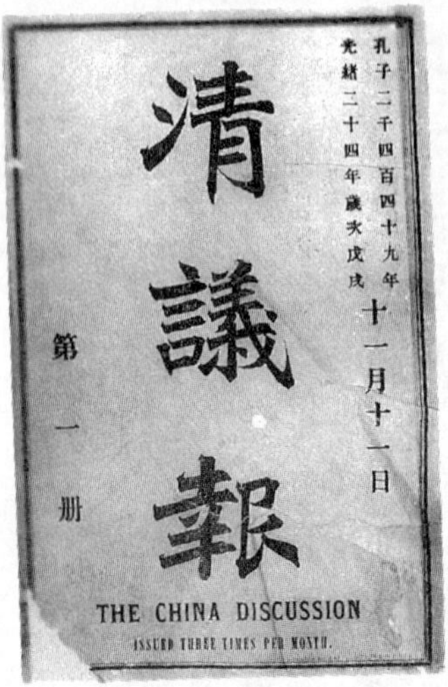

最早刊登《仁學》的《清議報》

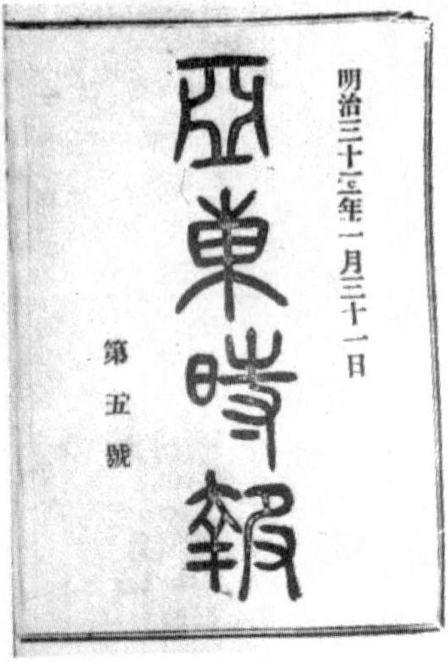

最早刊完《仁學》的《亞東時報》

《仁學》英文譯本

日本發行的《仁學》單行本

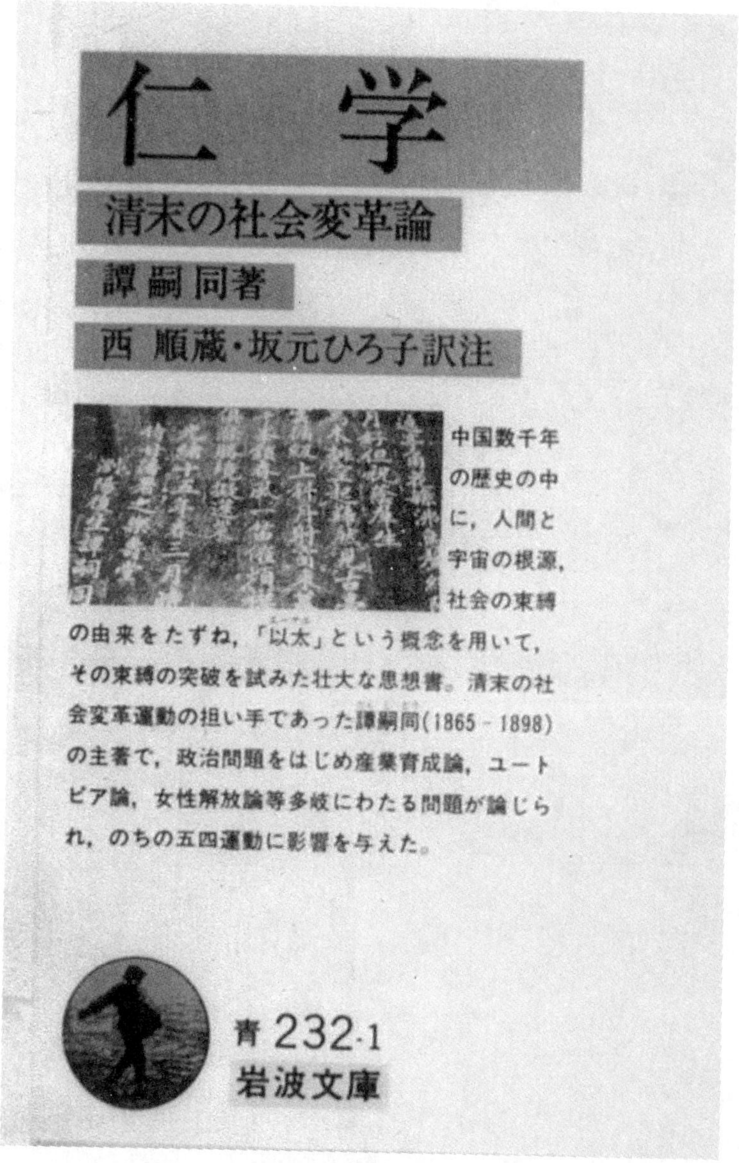
仁学
清末の社会変革論
譚嗣同著
西順蔵・坂元ひろ子訳注
中国数千年の歴史の中に，人間と宇宙の根源，社会の束縛の由来をたずね，「以太」という概念を用いて，その束縛の突破を試みた壮大な思想書。清末の社会変革運動の担い手であった譚嗣同(1865－1898)の主著で，政治問題をはじめ産業育成論，ユートピア論，女性解放論等多岐にわたる問題が論じられ，のちの五四運動に影響を与えた。
青 232-1
岩波文庫

譚嗣同手跡

前　言

《仁學》是譚嗣同的代表作，譚嗣同是我國著名思想家，「戊戌六君子」之一。

《仁學》的寫作，醞釀於一八九六年，而寫成則在一八九七年春。

一八九六年十月（九月），譚嗣同由江蘇回到湖北時，曾致書唐才常，提到撰述《仁學》事，他說：「若夫近日所自治，則有更精於此者，頗思其相發明，別開一種衝決網羅之學，亦擬還縣一遊，日期又急不能定，大要還則甚速耳」❶。考慮「斯事體大，未敢率爾，且亦不暇」❷。當時還未寫出。

一八九七年二月十九日（光緒二十三年正月十八日），譚嗣同〈致汪康年書〉說：「近始操觚爲之，孤心萬端，觸緒紛出，非精探性天之大原，不能寫出此數千年之禍象，與公日宜掃蕩桎梏衝決網羅之故，便覺剌剌不能休，已得數十篇矣。少遲當寄上」❸。所指宜爲《仁

❶ 譚嗣同：〈報唐才常書〉，《譚嗣同全集》第二五一頁，中華書局一九八一年一月版，下簡稱《全集》。
❷ 譚嗣同：〈致汪康年書〉三，《全集》第四九三頁。
❸ 同註❷。

學》，那麼，二月中旬，譚嗣同已寫有《仁學》數十篇。❹

《仁學》寫出後，雖未公開印行，但譚嗣同曾「以示一二同志」❺。譚嗣同友朋中，看到《仁學》原稿的，有梁啓超、唐才常、章太炎、宋恕等人。

一八九七年四月（三月），梁啓超給嚴復的信說：「儕輩之中，見有瀏陽譚君復生者，其慧不讓穗卿（夏曾佑），而力過之，眞異才也，著《仁學》三卷，僅見其上卷，已爲中國舊學所無矣」❻。這時，梁啓超在上海任《時務報》主編，譚嗣同也時常往來滬、寧。

一八九七年四月十五日（三月十四日），譚嗣同給唐才常的信說：「嗣同蒿目時艱，止期直達所見，未暇彌綸群言，不免有所漏耳」❼，也是指的《仁學》。唐才常受其影響，在這年六月（五月）出版的第四——七期《湘學報》上，發表〈質點配成萬物說〉加以引用。譚嗣同讀後，於同年八月（七月），又致書唐才常：「得此則嗣同之《仁學》殆欲無作，乃足下於《湘學報》，一則曰『綿《仁學》』之公理，再則曰『《仁學》之眞詮』，三則曰『《仁學》大興』，四則曰『宅於《仁學》』，五則曰『積《仁學》以融機械之心』，六則

❹ 譚嗣同：〈仁學自敘〉謂：「成書凡五十篇，分爲二卷，首界說二十七條」。

❺ 《新民叢報》創刊號（光緒二十八年正月初一日出版），載有《仁學》廣告，謂「著成後，恐駭流俗，故僅以示一二同志，秘未出世」。

❻ 梁啓超：〈與嚴幼陵先生書〉，《飲冰室合集》第一冊，第一一〇頁。

❼ 譚嗣同：〈致康才常〉，《全集》第五二八頁。

曰『《仁學》大昌』。轉令嗣同慚惶，慮《仁學》虛有其表，復何以副足下之重許？然近依《仁學》之理衍之，則讀經不難，迎刃而解，且日出新義焉」❽。知唐才常看到《仁學》，且受影響。

章太炎曾看到《仁學》，《太炎先生自定年譜》「光緒二十三年丁酉，三十歲」記：「春時在上海，……會平陽宋恕平子來，與語，甚相得。平子以瀏陽譚嗣同所著《仁學》見示，余怪其雜糅，不甚許也」。章太炎見到《仁學》，係由宋恕「見示」。按譚嗣同〈酬宋燕生見贈〉後附跋語：「丙申秋八月，偶客上海，燕生惠我以詩，人事卒卒，未有以報，及還金陵，乃克奉答，并書扇以俟指正」❾。又查宋恕《莫非師也齋詩存》有〈贈譚復生〉：「五十年來數壯夫，南州一郭聖人徒。神交昔墮千行淚，聲應今傳萬字書」。宋、譚酬答在「丙申秋八月」，正是譚氏醞釀《仁學》之時，宋恕應見其稿，並交給章太炎閱讀。

此外，知道《仁學》的，還有沈兆祉（小沂）和吳嘉瑞（雁舟），譚嗣同自稱：沈兆祉來書，「言於《時務報》見嗣同著有《仁學》，為梁啓超所稱，不知中作何等語？」❿又譚氏〈致梁啓超書〉：「昔雁舟先生說心法於上海」⓫。前引〈致汪康年書〉也說：「去年（一

❽ 譚嗣同：〈與唐紱丞書〉，《全書》第二六二頁。
❾ 譚嗣同書扇頁原件攝片。
❿ 譚嗣同：〈與唐紱丞書〉，《全集》第二六六頁。
⓫ 譚嗣同：〈答梁啓超〉二，《全集》第五一八頁。

八九六年），吳雁翁到金陵，述卓如兄言，有韓无首大善知識，將爲香港《民報》，屬嗣同暢談宗風，敷陳大義，斯事體大，未敢率爾，且亦不暇也」⑫。又據孫寶瑄《日益齋日記》，一八九六年九月二十五日（八月十九日），譚嗣同與汪康年、梁啓超、宋恕等合影，中有吳嘉瑞⑬。知譚、吳在南京、上海時相往還。

從譚氏友朋聽到、看到《仁學》的資料中，知一八九六年，吳嘉瑞請譚嗣同「暢談宗風」，九月，他們在上海相晤。在上海，譚嗣同又與宋恕唱和。十月，譚嗣同寫信給唐才常，考慮撰寫《仁學》。他這時已相發明「一種衝決網羅之學」，醞釀寫作《仁學》，但因「斯事體大，未敢率爾，且亦不暇」，未能寫出。

《仁學》的寫出，應在一八九七年春，二月十九日〈致汪康年書〉：「近始操觚爲之」可證。章太炎也說：「春時在上海」，從宋恕處看到《仁學》。四月十五日給唐才常的信也說明這點。

※ ※ ※ ※

《仁學》撰成於一八九七年，而它的出版，則在譚嗣同死難以後。

---

⑫《全集》第四九三頁。

⑬稿本，上海圖書館藏。

首先刊登《仁學》的是戊戌政變發生後梁啓超在日本横濱發行的《清議報》。它自第二冊起(光緒二十四年十一月二十一日,即一八九九年一月二日)開始刊登,直至第一百冊(光緒二十七年十一月十一日,即一九〇一年十二月二十一日)刊完,共登載十三次,歷時近三載。這一本子,可以稱之爲《清議報》本。

較《清議報》略後,在上海發行的《亞東時報》,自第五號起(光緒二十四年十一月二十日,即一八九九年一月二十一日),連載《仁學》,至十九號(光緒二十六年正月三十日⓮,即一九〇〇年二月二十八日)刊完,共登載十四次,歷時也有一年零四個月。這一本子,可以稱之爲《亞東時報》本。

《清議報》刊登《仁學》最早,它早於《亞東時報》二十九天。但《清議報》第十四冊(光緒二十五年四月初一日,即一八九九年五月十日)以後,隔了三十冊再行續登;第四十四冊(光緒二十六年四月十一日,即一九〇〇年五月九日)以後,登了三冊,又隔了五十五冊再行續登,以致《清議報》登完《仁學》,反較《亞東時報》遲了一年又十個月。

此後,《仁學》單行本出版,以一九〇一年十月十日由「國民報社出洋學生編輯所」署名發行之本爲最早。發行地址雖識以「上海新馬路餘慶里三街十九號」,實際是在日本東京

⓮ 按光緒二十六年正月,無「三十日」,參以該號《亞東時報》報端另著「明治三十年二月二十八日」,則「三十日」爲「二十九日」之誤。

印行。共兩卷，首揭〈仁學自叙〉和〈仁學界說〉。附有譚嗣同像和梁啓超撰〈譚嗣同傳〉。鉛字排印，白報紙印刷，平裝一册，共一百二十頁。接著，《仁學》在《清議報》刊出後，以「索補者絡繹不絕」，而「將全稿重行校印」，印在《清議報全編》第二集《名家著述》中，橫濱新民社輯印。凡是《清議報》刪節、誤植、重複的都予改正，可知它不是把《清議報》所刊《仁學》彙排，而是根據梁啓超所藏之本（「副本」）重印。它出書在一九〇二年後，較國民報本爲遲，可稱之爲《清議報全集》本，此外，另有兩種日本鉛字排印本，都未注明出版處所和年月，實係根據國民報社本重印，而排校失檢，較國民報社本尤多。可知國民報社各本，都沿自梁啓超所藏「副本」。

六十年代初，我曾將《仁學》出版始末和各種版本加以考核，認爲最早刊登《仁學》的是《清議報》和《亞東時報》，但他們不是同源，《清議報》本源自梁啓超所藏「副本」，而《亞東時報》本則源自唐才常。國民報社以後各本，都沿自梁啓超所藏「副本」。當時撰有〈《仁學》版本探源〉一文，已輯入本書「附錄」，茲不贅言。

《仁學》既有兩個來源，而後出各本，都沿自梁啓超「副本」一線，其中有的文義晦澀，有乖原旨，每每影響研究。因此，弄清《仁學》版本源流，採用比梁啓超所藏「副本」更原始的《亞東時報》本爲底本，互勘校注，使之接近原來面貌，無疑是很有必要的。

我在撰寫〈《仁學》版本探源〉的同時，曾以《亞東時報》本爲依據，而將各本比勘，中經「文革」，幸未籍沒，曾錄交中華書局新版增訂本《譚嗣同全集》部分採用，今原校尚在，囑長子仁澤再加勘覆，編成此冊。

湯志鈞　一九九六年八月

附誌：《仁學》有英文譯本（An Exposition of Benevolence: The Jen-hsüeh of T'an Ssu-t'ung），陳善偉（Chan Sin-wai）譯，香港中文大學出版社一九八四年版；日文譯本，西順藏、坂元ひろ子譯注，日本岩波書店一九八九年八月十六日出版。陳善偉先生，坂元女士都曾走訪過我。他們的譯本，還是用的梁啓超所藏「副本」。

仁學

目錄

仁學自敘

「仁」从二从人，相偶之義也。「元」从二从儿，「儿」古人字，是亦「仁」也。「无」，無說通「元」爲「无」，是「无」亦从二从人，亦「仁」也❶。故言仁者不可不知元，而其功用可極于元。能爲仁之元而神于无者有三：曰佛，曰孔，曰耶。佛能統孔、耶❷，而孔與耶仁同，而所以仁不同。能調燮❸聯融于孔與耶之間，則曰墨。周秦學者必曰孔、墨，孔、墨誠仁之一宗也。惟其尚儉非樂，似未足進于大同。然既標兼愛之旨，則其病亦自足相消，蓋兼愛則人我如一，初非如世之專以尚儉非樂苦人也。故墨之尚儉非樂，自足與其兼愛相消，猶天元代數之以正負相消，无所于害（愛）焉。墨有兩派：一曰「任俠」，吾所謂仁也，在漢有黨錮，在宋有永嘉，略得其一體；一曰「格致」，吾所謂學也，在秦有《呂覽》，在漢有《淮南》，各識其偏端。仁而學，學而仁，今之士其勿爲高遠哉！蓋即墨之兩派以近合孔、

❶「亦，仁也」，《亞東》本落，今據各本補出。
❷「佛能統孔、耶」句，各本并落。
❸「調燮」，《清議報》本、《全編》本均作「調燮」；惟《國民報》本作「調變」。

耶，遠探佛法，亦云汰矣。吾自少至壯，徧遭綱倫之厄，涵泳其苦，殆非生人所能任受，瀕死累矣，而卒不死；由是益輕其生命，以爲塊然軀殼，除利人之外，復何足惜。深念高望，私懷墨子摩頂放踵之志矣。二三豪俊，亦時切亡教之憂，吾則竊不謂然。何者？教無可亡也。教而亡，必其教之本不足存，亡亦何恨？教之至者，極其量不過亡其名耳，其實固莫能亡矣。名非聖人之所爭。聖人亦名也，聖人之名若姓皆名也。即吾之言仁言學，皆名也。名則無與于存亡。呼馬，馬應之可也；呼牛，牛應之可也；道在屎溺，佛法是乾屎橛，無不可也。何者，皆名也，其實固莫能亡矣。惟有其實而不克既其實，使人反瞀于名實之爲苦。以吾之遭，置之婆娑世界中，猶海之一涓滴耳，其苦何可勝道。竊揣歷劫之下，度盡諸苦厄，或更語以今日此土之愚之弱之貧之一切苦，將笑爲誑語而不復信，則何可不千一述之，爲流涕哀號，強聒不捨，以速其衝決網羅，留作劵劑耶？網羅重重，與虛空而無極：初當衝決利祿之網羅，次衝決俗學若考據、若詞章之網羅，次衝決全球群學之網羅，次衝決君主之網羅，次衝決倫常之網羅，次衝決天之網羅，次衝決全球群教之網羅，終將衝決佛法之網羅。然眞能衝決❹，亦自無網羅；眞無網羅，乃可言衝決。故衝決網羅者，即是未嘗衝決網羅。循環無端，道通爲一，凡誦吾書，皆可于斯二語領之矣。所俱智悲未圓，語多有漏。每思一義，理奧例賾，

❹ 除《亞東》本外，各本均作「然其能衝決」，誤。

輒坌湧奔騰，隨筆來會，（急）不暇擇，但期直達所見，文詞亦自不欲求工❺。況少有神悟，又決非此世間之語言文字所能曲達，乃至非此世間之腦氣心思所能徑至。此古之達人，悼夫詞害意，意害志，所以終默爾也❻。莊不云乎？千世而一遇大聖人，知其解者猶旦暮也。夫既已著爲篇章，即墮粗跡，而知解不易，猶至如此。何哉？良以一切格致新理，悉未萌芽，益復無由悟入，是以若彼其難焉。今則新學競興，民智漸辟，吾知地球之運，自苦向甘，吾慚吾書未饜觀聽，則將來之知解爲誰，或有無洞抉幽隱之人，非所敢患矣。成書凡五十篇，分爲二卷，首界說二十七條❼。

---

❺ 除《亞東》本外，各本均作「每思一義，理奧例賾，輒坌湧奔騰，際筆來會，急不暇擇，修詞易刺，止期直達所見，文詞亦自不欲求工」。

❻ 除《亞東》本外，各本均作「所以寧終默爾也」。

❼ 除《清議報》本未載外，各本均作「吾慚吾書未饜觀聽則有之，若夫知解爲誰某，爲幾何，非所敢患也矣。書凡五十篇，分爲二卷，首界說二十七條。華相眾生自叙于蟲蟲蟲天之微大弘弧精舍」。

仁學界說 二十七界說❶

仁以通爲第一義；以太也，電也，心力也，皆指出所以通之具。㊀

以太也，電也，粗淺之具也，借其名以質心力。㊁

通之義，以「道通爲一」爲最渾括。㊂

通有四義：中外通，多取其義于《春秋》，以太平世遠近大小若一故也；上下通，男女內外通，多取其義于《易》，以陽下陰吉、陰下陽吝、泰否之類故也；人我通，多取其義于佛經，以「無人相，無我相」故也。㊃

「仁」亦名也，然不可以名名也。惡名名者，故惡名；知惡名，幾無仁學。㊄

不識仁，故爲名亂；亂於名，故不通。㊅

通之象爲平等。㊆

通則必尊靈魂；平等則體魄可爲靈魂。㊇

靈魂，智慧之屬也；體魄，業識之屬也。㊈

---

❶《仁學界說》，《亞東》本未載，茲據《清議報》本和《國民報》本補。

智慧生于仁。(十)

仁爲天地萬物之源，故唯心，故唯識。(十一)

仁者寂然不動，感而遂通天下之故。(十二)

不生不滅，仁之體。(十三)

不生與不滅平等，則生與滅平等，生滅與不生不滅亦平等。(十四)

生近于新，滅近于逝；新與逝平等，故過去與未來平等。(十五)

有過去，有未來，無現在；過去、未來皆現在。(十六)

破對待，當參伍錯綜其對待。(十八)

參伍錯綜其對待，故迷而不知平等。(十九)

參伍錯綜其對待，然後平等。(二十)

無對待，然後平等。(二十一)

無無，然後平等。(二十二)

平等生萬化，代數之方程式是也。其爲物不貳，故生物不測。不貳則無對待，不測則參伍錯綜其對待。代數如權衡然，參伍錯綜之不已，必平等，則無無。(二十三)

試依第十四條「不生與不滅平等，則生與滅平等，生滅與不生不滅亦平等」之理，用代數演之。命生爲甲，命滅爲乙，不字爲乘數，列式如左：

$$甲=生$$

$$乙=滅$$

$$乘=不$$

$$不\times甲=不\times乙$$

$$乙=\frac{不\times乙}{不}$$

$$甲\mid乙=\frac{不\times乙}{不}\mid\frac{不\times甲}{不}$$

$$不\times(\underline{甲\mid乙})=\underline{不\times乙\mid不\times甲}$$

$$不\times(\underline{甲\mid乙})=不\times(\underline{乙\mid甲})$$

$$\underline{甲\mid乙}=\underline{乙\mid甲}$$

$$甲=\overline{二乙\mid甲}$$

$$乙=\overline{二甲\mid乙}$$

$$甲=乙$$

$$\underline{不\times甲\mid不\times乙}=\underline{不\times乙\mid不\times甲}$$

$$不\times甲=\overline{二不\times乙\mid不\times甲}$$

$$不\times乙=\overline{二不\times甲\mid不\times乙}$$

$$不\times\underline{甲\mid甲}=不\times\underline{乙\mid乙}$$

$$不\times甲=\underline{不\times乙}\mid\overline{乙\mid甲}$$

$$甲=\underline{不\times乙\mid\overline{乙}}\overline{\mid不\times甲}$$

$$乙=\underline{不\times甲\mid\overline{甲}}\overline{\mid不\times乙}$$

$$\underline{甲\mid乙}=\underline{不\times甲\mid不\times乙}$$

平等者，致一之謂也。一則通矣，通則仁矣。[24]

凡爲仁學者，于佛書當通《華嚴》及心宗相宗之書；于西書當通《新約》及算學格致社會學之書；于中國書當通《易》、《春秋公羊傳》、《論語》、《禮記》、《孟子》、《莊子》、《墨子》、《史記》，及陶淵明、周茂叔、張橫渠、陸子靜、王陽明、王船山、黃梨洲之書。[25]

算學即不深，而不可不習幾何學，蓋論事辨事之條段在是矣。㊄

格致即不精，而不可不知天文、地輿、全體、心靈四學，蓋群學群教之門徑在是矣。㊆

仁學一

徧法界、虛空界、眾生界，有至大至精微，無所不膠粘，不貫洽，不筦絡，而充滿之一物焉。目不得而色，耳不得而聲，口鼻不得而臭味，無以名之，名之曰「以太」。其顯于用也：孔謂之「仁」，謂之「元」，謂之「性」，墨謂之「兼愛」；佛謂之「性海」，謂之「慈悲」；耶謂之「靈魂」，謂之「愛人如己」、「視敵如友」；格致家謂之「愛力」、「吸力」；咸是物也。法界由是生，虛空由是立，眾生由是出。夫人之至切近者莫如身，身之骨二百有奇，其筋肉血脈臟腑又若干有奇，所以成是而粘砌是不使散去者，曰惟以太。由一身而有夫婦，有父子，有兄弟，有君臣朋友；由一身而有家有國有天下，而相維繫不散去者，曰惟以太。身之分爲眼耳鼻舌身。眼何以能視，耳何以能聞，鼻何以能嗅，舌何以能嘗，身何以能觸，曰惟以太。與身至相切近莫如地，地則眾質點粘砌而成。何以能粘砌？曰惟以太。(任)剖某質點一小分，以至于無，察其爲何物所凝結，曰惟以太。至與地近，厥惟月。月與地互相吸引，不散去也。地統月，又與金、水、火、木、土、天王、海王爲八行星；又與無數小行星，無數彗星；互相吸引，不散去也。金、水諸行星，又各有所統之月，互相吸引，不散去也。合八行星與所統之月與小行星與彗星，繞日而疾旋，互相吸引不散去，是爲一世界。

此一世界之日，統行星與月，繞昴星而疾旋；凡得恆河沙數成天河之星團，互相吸引不散去，是爲一大千世界。此一大千世界之昴星，統日與行星與月，以至于天河之星團，又別有所繞而疾旋；凡得恆河沙數各星團星林星雲星氣，互相吸引不散去，是爲一世界海。恆河沙數世界海爲一世界性。恆河沙數世界性爲一世界種。恆河沙數世界種爲一華藏世界。至善（華）藏世界以上，始足爲一元。而元之數，則巧曆❶所不能稽，而終無有已時：而皆互（相）吸引不散去，曰惟以太。其間之聲光熱電風雨雲露霜雪之所以然，曰惟以太。更小之于一葉，至于目（所）不能（辨）之一塵，其中莫不有山河動植，如吾所履之地，爲一小地球；至于一滴水，其中莫不有微生物千萬而未已；更小之又小以至于無，其中莫不有微生物，浮寄于空氣之中：曰惟以太。學者第一當認明以太之體與用，始可與言仁。

以太之用之至靈而可徵者，于人身爲腦。其別有六：曰大腦，曰小腦，曰腦蒂，曰腦橋，曰脊腦；其分佈于四肢及周身之皮膚，曰腦氣筋。于虛空則爲電。而電不止寄于虛空，蓋無物不彌綸貫徹；腦其一端，電之有形質者也。腦爲有形質之電，是電必爲無形質之腦。人知腦氣筋通五官百骸爲一身，即當知電氣通天地萬物人我爲一身也。是故發一念，誠不誠，十手十目嚴之；出一言，善不善，千里之外應之。莫顯乎微，容色可徵意旨；莫見乎隱，幽獨

❶「巧曆」，除《亞東》本外，各本均作「算」。

即是大廷❷。彼己本來不隔，肺肝所以如見。學者又當認明電氣即腦，無往非電，即無往非我，妄有彼我之辨，時乃不仁。雖然，電與腦猶以太之表著于一端者也；至于以太，尤不容有差別，而電與腦之名亦不立。

若夫仁，試即以太中提出一身而驗之：有物驟而與吾身相切，吾知為觸，重焉吾知為癢為痛。孰知之？腦知之。所切固手足之末，非腦也，腦何由知之？夫固言腦即電矣，則腦氣筋之週佈，即電線之四達，大腦小腦之盤結，即電線之總匯，一有所切，電線即傳信于腦，而知為觸為癢為痛。其機極靈，其行即（極）速。惟病麻木痿痺，則不知之，由電線已摧壞，不復能傳信至腦，雖一身如異域然；故醫家謂麻木痿痹為不仁。不仁則一身如異域，是仁必異域如一身。異域如一身，猶不敢必盡仁之量，況本為一身哉！一身如異域，此至奇不恆有，人莫不怪之。獨至無形之腦氣筋如以太者，通天地萬物人我為一身，而妄分彼此，妄見畛域，但求利己，不恤其他，疾痛生死，忽不加喜慼（戚）于心，反從而忌之蝕之齮齕之屠殺之，而人不以為怪，不更怪乎！反而觀之，可識仁體。

是故仁不仁之辨，于其通與塞；通塞之本，惟其仁不仁。通者如電線四達，無遠弗屆，異域如一身也；故《易》首言元，即繼言亨。元，仁也。亨，通也。苟仁，自無不通。亦惟

❷ 除《亞東》本外，各本均有「我之心力，能感人使與我同念，故自觀念之所由始，即知所對者品詣之高卑。」數句。

通，而仁之量乃可完。由是自利利他，而永以貞固。彼鄙夫駛豎，得一美衣食，則色然喜，喜其得于我也。其時乍見有我，見之力量，遂止于此❸。而不能通之于人；爭奪之患起，雖父子兄弟，乾餱以愆矣。少賢于此，則能通于一家，而不能通于鄉里。寖假而一鄉一縣，又不能通于一國；寖假而一國，而語及全球，則又儳焉不欲任受。夫是以仁者希也。抑豈不以全球為遠于一身一家乎哉！然而全球者，一身一家之積也。近身者家，家非遠也；近家者鄰，鄰非遠也；近此鄰者彼鄰，彼鄰又非遠也；我以為遠，在鄰視之，乃其鄰也；此鄰以為遠，在彼鄰視之，亦其鄰也；啣接為鄰，鄰鄰不斷，推之以至無垠，周則復始，斯全球之勢成矣。且下掘地球而通之，華之鄰即美也，非有隔也。更廣運鄰神而通之❹，地球之鄰，可盡虛空界也，非有隔也。安見夫全球之果大，而一身一家之果小也！數十年來，學士大夫，覃思典籍，極深研幾，罔不自謂求仁矣，及語以中外之故，輒曰「閉關絕市」，曰「重申海禁」，抑何不仁之多乎！夫仁以太之用，而天地萬物由之以生，由之以通。星辰之遠，鬼神之冥漠，猶將以仁通之❺，況同生此地球，而同為人，豈一二人之私意所能塞之？亦自塞其仁而已。彼治于我，我將師之；彼忽于我，我將拯之。可以通學，可以通政，可以通教，又況于通商

❸ 除《亞東》本外，各本均作「其時乍見有我之力量，遂止于此」。

❹ 除《亞東》本外，各本均作「更廣運精神而通之」。

❺ 除《亞東》本外，各本均作「星辰之遠，鬼神之冥，漠然將以仁通之」。

之常常者乎！譬如一身然，必妄立一法曰：「左手毋得至乎右，右手毋得至乎左，三焦百脈毋得相貫注。」又有是理乎？而猥曰閉之絕之禁之，不通矣：夫惟不仁之故。

天地間亦仁而已矣。佛說：「百千萬億恆河沙數世界，有小眾生起一念，我則知之。雖微至雨一滴，能知其數。」豈有他神奇哉？仁之至，自無不知也。牽一髮而全身爲動，生人知之，死人不知也。傷一指而終日不適，血脈貫通者知之，痿痹麻木者不知也。吾不能通天地萬物人我爲一身，即莫測能通者之所知，而詫以爲奇；其實言通至于一身，無有不知者，至無奇也。知不知之辨，于其仁不仁。故曰：天地間仁不仁而已矣❻，無智之可言也。

孔子曰：「仁者必有勇。」手足之捍頭目，子弟之衛父兄，其事急，其情切，豈有猶豫顧慮而莫敢前者。勇不勇之辨，于其仁❼。故曰：天地間仁而已矣，無勇之可言也。義之爲宜，出于固然，無可言也。吾知手必不能爲足之所爲，足必不能爲手之所爲也，苟其能而無害，又莫非宜也。信之爲誠，亦出于固然，無可言也。知痛癢，知捍衛，吾知其非外假也，非待設心而然也，非有欲于外之人也。禮者，即其既行之跡，從而名之。至于禮，抑末矣。其辨皆于仁不仁，故曰：天地間（亦）仁而已矣。

❻ 除《亞東》本外，各本均作「天地間亦仁而已矣」。

❼ 除《亞東》本外，各本均作「勇不勇之辨，于其仁不仁」。

吾悲夫世之妄生分別也，犂然不可以締合！寐者蘧蘧，乍見一我，對我者皆爲人；其機始于一人我，究于所見，無不人我者。見愈小者，見我亦愈切。愚夫愚婦，于家庭則肆其咆哮之威❽，愈親則愈甚，見外人反畏而忘之，以切于我與不切于我也❾。切于我者，易于愛；易于愛者，亦易于不愛；愛之所不及，亦不愛之所不及。同一人我，而人者（我）之量，斯其小者；大于此者，其人我亦大。湘人士不幸處于未通商之地，不識何者爲中外，方自以爲巍巍然尊，任我以非禮施設，而莫余敢止，雖同里之人，曾疑忌詆誹之不已。于是乎好謠言，于是乎好攻擊。及出而游歷，始驚天地之大，初不若吾向者之所私度，直疑不勝疑，忌不勝忌，攻擊不勝攻擊，又未嘗不爽然自失，不能自解向者之何以爲也。莊曰：「室無空虛，婦姑勃谿。」以所處者小故也。漢儒訓仁爲相人偶。人于人不相偶，尙安有世界？不相人偶，見我切也，不仁矣，亦以不人。雖然，此之分別，由于人我而人我之也。甚至一身而有人我。何則？仁而已矣，而忽有智勇之名，而忽有義信禮之名，而忽有忠孝廉節之名！仁亦名矣，不可立而猶可立者也，傳以智勇義信禮云云，胡爲者！故凡教主如佛如孔如耶，則專言仁，間有傍及，第（就）世俗所已立之名，藉以顯仁之用，使眾易曉耳，夫豈更有與仁並者哉！學人不察，妄生分別，就彼則失此，此得又彼喪，徘徊首鼠，卒以一無成而兩俱敗，衹見其

---

❽ 除《亞東》本外，各本均作「于家庭所親，則肆其咆哮之威」。

❾ 除《亞東》本外，各本均作「以切我者與不切于我也」，誤。

拘牽文義，嫌疑罣礙，分崩離析，無復片段，猶一身而斷其元首，刳其肺腸，車裂支解其四體，磔膊臠割其肌肉，而相率以疊甃于分別之下。彼人我之人我，車裂之刑也；此一身之人我，寸磔之刑也。不其悲夫！不其悲夫！

仁之亂也，則于其名。名忽彼而忽此，視權勢之所積；名時重而時輕，視習俗之所尚。甲亦一名也，乙亦一名也，則相持。名，名也；不名，亦名也，則相詭。名本無實體，故易亂。名亂焉，而仁從之，是非名罪也，主張名者之罪也。俗學陋污⑩，動言名教，敬若天命而不敢渝，畏若國憲而不敢議。嗟乎！以名爲教，則其教已爲實之賓，而決非實也。又況名者，由人創造，上以制其下，而不能不奉之；則數千年來，三綱五倫之慘禍烈毒，由是酷焉矣。君以名桎臣，官以名軛民，父以名壓子，夫以名困妻，兄弟朋友各挾一名以相抗拒，而仁尚有少存焉者得乎？然而仁之亂于名也，亦其勢自然也。中國積以成（威）刑，箝制天下，則不得不廣立名，爲箝制之器。如曰「仁」，則共名也，君父以責臣子，臣子亦可反之君父，于箝制之術不便，故不能不有忠孝廉節等一切分別之名⑪，乃得以責臣子曰：「爾胡不忠！爾胡不孝！是當放逐也，是當誅戮也。」忠孝既爲臣子之專名，則終必不能以此反之；雖或他有所摭，意欲詰訴，而終不敵忠孝之名爲名教之所出，反更益其罪，曰「怨望」，曰「觖

⑩「俗學陋污」，《全編》本作「俗學陋儒」；《國民報》本作「俗學陋行」。

⑪除《亞東》本外，各本均作「故不能不有忠孝廉節一切分別等衰之名」。

望」，曰「怏怏」，曰「腹誹」，曰「訕謗」，曰「亡等」，曰「大逆不道」。是則以爲當放逐，放逐之而已矣；當誅戮，誅戮之而已矣；曾不若狐豚之被縶縛屠殺也，猶得奮盪呼號，以聲其痛楚，而人不之責也。施者固泰然居之而不疑，天下亦從而和之曰：「得罪名教，法宜至此。」而逢、比、屈原、伯奇、申生之流，遂銜冤飲恨于萬古之長夜⑫，無由別白其美。實不幸更不逮逢、比諸人之遭，則轉復被之以惡名。《易》曰：「丰其蔀，日中見斗。」此其黑暗，豈非名教之爲之蔀耶？然名教也者，名猶依倚乎教也。降而彌甚，變本加厲，乃亡其教而虛牽于名，抑憚乎名而竟不敢言教，一若西人乃有教，吾一言教，即陷于夷狄異端也者。凡從耶教，則謂之教民，煌煌然見于諭旨，見于奏牘，見于檄移文告，是耶教有民，孔教無民矣。又遇中外交涉事，則曰：「民教相安」，或曰：「反教爲民」，煌煌然見于諭旨，見于奏牘，見于檄移文告，是憚乎教之名，而世甘以教專讓于人，而甘自居爲無教之民矣。嗟乎！因衛教而立名，不謂名之弊乃累教如此也！

仁亂而以太亡乎？曰：無亡也。匪惟以太也，仁固無亡；無能亡之者也，亦無能亡也。亂、亡者，即其既有條理，而不循其條理之謂。孰能于其既有也而強無之哉？夫是，故亦不能強無而有。不能強有，雖仁如天，仁乎何增？不能強無，雖不仁至如禽（獸），仁乎何減？不增惟不生故，不減惟不滅故。知乎不生不滅，乃今可與談性。生之謂（性），性也。形色

---

⑫ 除《亞東》本外，各本均作「而逢、比、屈原、伯奇、申生之流逐，銜冤飲恨于萬古之長夜」。誤。

天性，性也。性善，性也；性無，亦性也。無性何以善？無善，所以善也。有無善然後有無性，有無性斯可謂之善也。善則性之名固可以立。就性名之已立而論之，性一以太之用，以太有相成相愛之能力，故曰性善也。性善何以情有惡？曰「情」豈有惡哉？從而爲之名耳。所謂惡，至于淫殺而止矣。淫固惡，而僅行于夫婦，淫亦善也。殺固惡，而僅行於殺殺人者，殺亦善也，禮起于飲食，而以之沈湎而饕餮者，即此飲食也；不聞懲此而廢飲食，即飲食無不善也。民生于貨財，而以之貪黷而劫奪者，即此貨財也；不聞戒此而去貨財，則貨財無不善也。妄喜妄怒，謂之不善，然七情不能無喜怒，特不當其可耳，非喜怒惡也。忽寒忽暑，謂之不善，然四時不能無寒暑，特不順其序耳，非寒暑惡也。皆既有條理，而不循條理之謂也。故曰：天地間仁而已矣，無所謂惡也。惡者，即其不循善之條理而名之。用善者之過也，而豈善外別有所謂惡哉？若第觀其用，而可名之曰「惡」，則用自何出？用爲誰用？豈惟情可言惡，性亦何不可言惡？言性善，斯情亦善。生與形色，又何莫非善？故曰：皆性也。世俗小儒，以天理爲善，以人欲爲惡，不知無人欲，尙安得有天理？吾故悲夫世之妄生分別也。天理善也，人欲亦善也。王船山有言曰：「天理即在人欲之中；無人欲，則天理亦無從發見。」適合乎佛說：「佛即衆生，無明即眞如矣。」且更即用徵之：用固有惡之名矣，然名，名也，非實也；用，亦名也，非實也。名于何起？用于何始？人名名，而人名用，則皆人之爲也，猶名中之名也。何以言之？男女構精，名之曰「淫」，此淫名也。淫名，亦生民以來沿習既久，名之不改，故皆習謂淫爲惡耳。向使生民之初，即相習以淫爲朝聘宴饗之鉅典，行之于朝廟，行之于都市，行之于稠人廣眾，如中國之長揖拜跪，西國之抱腰接吻，沿習至今，亦孰知其惡者？乍名爲惡，即從而惡之矣。或謂男女之體出（生）于幽隱，人不恆見，非如世之行禮者光明昭著⑬，爲人易聞易覩，故易謂淫爲惡耳。是禮與淫，但有幽顯之辨，果無善惡之辨矣。向使生民之始，天不生其具于幽隱，而生于面額之上，舉目即見，將以淫爲相見禮矣，又何由知爲惡哉？戕害生民之命，名之曰「殺」。此殺名也。然殺爲惡，則凡殺皆當爲惡。人不當殺，則凡虎狼牛馬雞豚之屬，又何當殺者？何以不并名惡也？或曰：「人與人同類耳。」然則虎狼于人不同類也，虎狼殺人，則名虎狼爲惡；人殺虎狼，何以不名人爲惡也？天亦嘗殺人矣，何以不名天爲惡也？是殺名，亦生民以來，沿習既久，第名殺人爲惡，不名殺物爲惡耳。以言其實，人不當殺，物亦不當殺，殺殺之者，非殺惡也。孔子曰：「性相近，習相遠」，沿于習而後有惡之名。惡既爲名，名又生于習，可知斷斷乎無有惡矣。假使誠有惡也，有惡之時，善即善滅；善滅之時，惡又當生；不生不滅之以太，乃如此哉？或曰：「不生不滅矣，何以有善？有善則仍有生滅。」曰：「生滅者，彼此之辭也，善而有惡，則有彼此，彼滅則此生，獨善而已，復何生滅？」曰：「有善矣，何以言善性無？性無則善

⑬《全編》本作「生于幽獨」。《國民報》本作「然如世之行禮者光明昭著」。

亦無。」⑭曰：「有無亦彼此之辭也。善而有惡，則有彼此，彼無則此有，獨善而已，復何有無？」雖然，世間無淫，亦無能淫者；無殺，亦無能殺者；有善，故無惡；無惡，故善之名可以不立。佛說：「自無始來，顚倒迷誤，執妄爲眞。」當夫生命之初，不問（聞）何一人出而偏執一義，習之數千年，遂確然定爲善惡之名。甚矣眾生之顚倒也，反謂不顚倒者顚倒！顚倒生分別，分別生名。顚倒，故分別亦顚倒；謂不顚倒者顚倒，故名曰顚倒。（顚倒），習也，非性也。

斷殺者何？斷不愛根故；斷淫者何？斷愛根故。不愛斷而愛亦斷者何？有所愛必有所不愛故。譬諸吸力焉：必上下四方，齊力并舉，敵引適均，無所偏倚，然後日星于中運，大地于中舉，萬類于中生。向使一面吸力獨重，則將兩相（面）切附，而畢棄其餘；畢棄其餘，則吸力不周；而既兩相切附，則膠固爲一，吸力亦且無由以顯，而亡于無。夫吸力即愛力之異名也。善用愛者，所以貴兼愛矣。有所愛，必有所大不愛也；無所愛，將留其愛以無不愛也。是故斷殺，必先斷淫；不斷淫，亦必不能斷殺。淫而殺，殺而淫，其情相反，其事相因。殺即淫，淫即殺，其勢相成，其理相一。陷桁楊，膏蕭斧，罪獄多起于淫；恣虜掠，奸嬲橫決皆肆于殺。此其易明者也。若乃其機，則猶不始此。殺人者，將以快己之私，而洩己之欲，是殺念即淫念也。淫人者，將以人之宛轉痛楚，奇癢殊顫，而爲己之至樂，是淫念即殺

⑭ 除《亞東》本外，各本均作「何以言性無？性無，則善亦無。」。

念也。同一女色，而髫齡室女，尤流俗所涎慕，非欲創之至流血哀啼而後快耶？殺機一也。穿耳以爲飾，殺機又一也。又其甚者，遂殘毀其肢體，爲纏足之酷毒，尤殺機之暴著者也。纏足不知何昉，據其見于詩詞吟詠，要以趙宋爲始盛。嗚呼悲哉！彼北狄之紀綱文物，何足與華人比並者，顧自趙宋以後，奇渥溫、愛新覺羅之族迭主華人之中國，彼其不纏足一事，已足承天畀佑，而非天之誤有偏私也。又況西人治化之美，萬萬過于北狄者乎？華人若猶不自省其亡國之由，以畏懼而亟變纏足之大惡，則愈淫愈殺，永無底止，將不惟亡其國，又以亡其種類，不得歸怨于天之不仁矣。且又不惟中國，非洲之壓首、歐洲之束腰，皆殺機也。斷殺以斷淫，不能不一切剗除之也。若夫世之防淫，抑又過矣，而適以召人于淫。曰錮婦女使之不安也，曰嚴男女之際使不相見也⑮。曰：立淫律也；曰：禁淫書也；曰：恥淫語也；雖文明如歐美，猶諱言牀笫，深以淫爲羞辱，信乎達者之難覯也。夫男女之異，非有他，在牝牡數寸間耳，猶夫人之類也。今錮之，嚴之，隔絕之，若鬼物，若仇讎，是重視此數寸之牝牡，翹之以示人，使知可貴可愛，以艷羨乎淫。然則特偶不相見而已，一旦瞥見，其心必大動不可止，一若方苞之居喪，見妻而心亂。眞（直）以淫具待人，其自待亦一淫具矣，復何爲不淫哉！故重男輕女者，至暴亂無禮之法也。男則姬妾羅侍，縱淫無忌；女一淫即罪至死。馴至積重流爲溺女之習，乃忍爲蜂蟻豺虎之行（所）不爲。中國雖亡，而罪當有餘（矣），

---

⑮「曰錮婦女使之不安也，曰嚴男女之際使不相見也。」二句，除《亞東》本外，各本均無。

夫何說乎！佛書雖有「女轉男身」之說，惟小乘法爾。若夫《華嚴》、《維摩詰》諸大經，女身自女身，無取乎轉，自絕無重男輕女之意也。苟明男女同爲天地之菁英，同有無量之盛德大業，平等相均，初非爲淫而始生于世，所謂色者，粉黛已耳，服飾已耳，去其粉黛服飾，血肉聚成，與我何異，又無色之可好焉。則將導之使相見，縱之使相習，油然相得，澹然相忘，猶朋友之相與往還，不覺有男女之異，復何有于淫？淫然後及今可止也。藏物于篋，懼使人見，而欲見始愈切，坦然剖以相示，則且日熟視而若無覩矣。夫淫亦非有他機器之關捩沖盪已耳。沖盪又非能自主，有大化之爐鞴鼓之。童而精少，老而閉房，鳥獸方春而交，輪軸緣汽而動。平澹無奇，發于自然，無所謂不樂，自無所謂樂也，今懸爲厲禁，引爲深恥，沿爲忌諱，是明誨人此中之有至甘焉，故爲吝之祕之，使不可即得，而迫以誘之。瘞金璧者曰：「皆不得發焉」，是使人盜也。陳漿酳者曰：「皆不得飲焉」，是使人渴也。戒淫者曰：「而勿淫」，是淫之心由是而啓也。不惟人以爲禁爲恥爲諱，又自禁之，自恥之，自諱之，豈不以此中有至甘焉，深耽篤嗜，惟恐人之譏責，而早爲地耶？迂儒乃曰：「以此防民，民猶有踰者，奈何去之？」是果以防爲足斷淫耶？淫者自淫，防豈能斷耶？不淫自不淫，(抑)豈防之力耶？且逆水而防防愈厚，水力亦愈猛，終必一潰決，氾濫之患，遂不可收拾矣。水患，防所激成，淫禍亦禁與恥與諱所激成也。俗間婦女，昧于理道，奉腐儒古老之謬說爲天經地義，偶一失足，或涉疑似之交，即使受人劫持，箝其舌，使有死不敢言，至于爲人玩弄，爲人脅逃，爲人鬻販，或忍爲婢媵，或流爲娼妓，或羞憤斷吭以死。而不知男女構精，特兩機之動，毫無可羞醜，而至予人間隙也。中國醫家，男有三至，女有五至之說，最爲精美，凡人皆不可不知之。若更得西醫之精化學者，詳考交媾時筋絡肌肉如何動法，涎液質點如何情狀，繪圖列說，畢盡無餘，兼範蠟肖人形體，可析卸諦辨，多開考察淫學之館，廣布闡明淫理之書，使人人皆悉其所以然，徒費一生嗜好，其事乃不過如此如此，機器焉已耳，而其動又有所待，其待又有待，初無所謂淫也，更何論于斷不斷，則未有不廢然返者。遇斷淫之因緣，則徑斷之。無其因緣，盍（蓋）亦奉行天地之化機，而我無所增損于其間。佛說：「視橫陳時，味同嚼蠟。」雖不斷猶斷也。西人男女相親，了不忌避，其接生至以男醫爲之，故淫俗卒少于中國。遏之適以流之，通之適以塞之，凡事蓋莫不然，況本所無有而強致之，以苦惱一切眾生哉。遇斷殺之因緣，亦徑斷之，可也。即不斷，要不可不斷于心也。闢佛在（者）動謂：「斷淫則人類幾絕；斷殺則禽獸充塞。」此何其愚而悍也！人一不生不滅者，有何可絕耶？禽獸亦一不生不滅者，將欲殺而滅之乎？野處之禽獸，得食甚難，孳衍稍多，則無以供，雖不殺之，自不能充塞。其或害人，乃人之殺機所召，不關充塞不充塞也。家畜之禽獸，尤賴人之勤于牧養，芻豢偶缺，立形衰耗。明明人將殺之，而故蕃之，豈自能充塞乎？以論未開化之游牧部落或可耳，奈何既已成國，既艱食而粒我，猶爲口腹殘物命，愈殺以愈生，顧反謂殺（之）始不充塞乎！故曰：世間無淫，亦無能淫者；無殺，亦無能殺者。以性所本無故。性所本無，以無性故。

或難曰：「草木金石，至冥也，而寒熱之性異；鳥獸魚鼈，至愚也，而水陸之性異。謂人無性，無乃不可乎？」曰：就其本原言之，固然其無性，明矣；彼動植之異性，爲自性爾乎？抑無質點之位置與分劑有不同耳。質點不出乎六十四種之原質⑯，某原質與某原質化合，則成一某物之性；析而與他原質化合，或增某原質，減某原質，則又成一某物之性；即同數原質化合，而多寡主佐之少殊，又別成一某物之性。紛紜蕃變，不可紀極，雖聚千萬人之畢生精力治化學，不（能）竟其緒而宣其蘊，然而原質則初無增損之故也。香之與臭，似判然各有性矣，及考其成此香臭之所以然，亦質點布列微有差池，致觸動人鼻中之腦氣筋，有順逆（迎）拒之異，故覺爲香爲臭。苟以法改其質點之聚，香臭可互易也。此化學家之淺者，皆優爲之。烏覩所謂一成不改之性耶？庖人之治庖也，同一魚肉，同一蔬筍，調和烹煮之法又同，宜（同）一味矣，而或方正切之，或斜切之，或以藿葉切之，或臠之，或糜之，或巨如塊，或細如絲，其奏刀異，其味亦因之而不同。此豈性也哉？由大小斜正之間，其質點不無改變，及與舌遇，遂改變舌上腦氣筋之動法，覺味有異耳。故論於（其）原質，必不容有寒熱云云諸性矣⑰。然原質猶六十四之異，至于原質之原，則一以太而已矣。一，故不生不滅；不生，故不得言有；不滅，故不得言無。謂以太即性，可也；無性可言也。

---

⑯ 《亞東》本、《清議報》本並作「六十四種之原質」；《全編》本、鉛字排印本、《國民報》本並作「七十三種之原質」。下同。

⑰ 除《亞東》本外，各本均作「必不容有寒熱云云諸性明矣」。

「不生不滅」有徵乎？曰：彌望皆是也。如向所言化學諸理，窮其學之所至，不過析數原質而使之分，與併數原質而使之合，用其已然而固然者，時其好惡，劑其盈虛，而以號曰某物某物，如是而已；豈能竟消磨一原質，與別創造一原質哉！礦學之取金類也，不能取于非金類之礦；醫學之禦疵癘也，不能使疵癘絕于天壤之間。本爲不生不滅，烏從生之滅之？譬于水加熱則漸涸，非水滅也，化爲輕氣淡氣也。使收其輕氣淡氣⑱，重與原水等，且熱去而仍化爲水，無少減也。譬于燭久爇則盡跋，非燭滅也，化爲氣質流質定質也。使收其所發之炭氣，所流之蠟泪，所餘之蠟煤，重與原燭等，且諸質散而滋育他物，無少棄也。譬于陶埴，失手而碎之，其爲器也毀矣；然陶埴，土所爲也，方其爲陶埴也，在陶埴曰成，在土則毀；及其碎也，還歸乎土，在陶埴曰毀，在土又以成：但有回環，都無成毀。譬如餅餌，入胃而化之，其爲食也亡矣；然餅餌，穀所爲也，方其爲餅餌也，在餅餌曰存，在穀曰亡；及其化也，還糞乎穀，在餅餌曰亡，在穀又以存：但有變易，復何存亡？譬于風，朝南而暮北，昨颸而今飔，由質點動靜往來疾徐之互殊，而此風即彼風，非此生而彼滅也。譬于雨，東云霖而西云曦，秋患旱而春患潦，由地氣寒熱燥濕舒郁之所致，而上之霂霢，即下之淵泉，川之氾濫，即陸之蒸潤，非于霄生而于壤滅也。譬于陵谷滄桑之變易：地球之生，而不知幾千

⑱ 除《亞東》本外，各本均作「輕氣養氣」。

幾百變矣⑲。洲渚之壅淤，知崖岸之將有傾頹；草木金石之質，日出于地，知空乏（穴）之終就淪陷；赤道以還速而隆起，即南北極之所翕斂也；火期之炎，冰期之沍，即一氣之所舒卷也；故地球體積之重率，必無軒輊于時，有之則畸重而去日遠，畸輕而去日近，其軌道且歲不同矣。譬于流星隕石之變：恆星有古無而今有，有古有而今無，彗孛而有循橢圓線，而往可復返，有循拋物線，而一往不返。往返者遠（近也），非生滅也；有無者，聚散也，非生滅也。（木）星本統四月，近忽多一月，知近度之所吸取。火、木之間依比例當更有一星，今惟小行星武女等百餘，知女星之所剖裂，即此地球亦終有隕散之時，然地球之所隕散，他星又將用其質點以成新星矣。王船山之說《易》，謂「一卦有十二爻，半隱半見。」故大《易》不言有無，隱見而已。孔之論禮，謂：「殷因于夏，周因于殷。」故禮有不得，與民變革損益而已。凡此諸誼⑳，雖「一一佛有阿僧祇身，一一身有阿僧祇口」，亦不能盡。

好生而惡死也，可謂大惑不解者矣！蓋于「不生不滅」瞢焉。瞢而惑，故明知是義，特不勝其死亡之懼，縮朒而不敢爲，方更于人禍所不及，益以縱肆于惡，而顧景汲汲，而四方蹙蹙，惟取自快慰焉已爾，天下豈復有可治也！今夫目力所得而諦觀審視者，不出尋丈，顧謂此尋丈遂足以極天下之所至，無復能有餘，而一切因以自畫，則鮮不謂之大愚。何獨于其

⑲ 除《亞東》本外，各本均作「不知經幾千萬變矣」。

⑳ 《清議報》本、《全編》本並作「凡此諸徵」。鉛字排印本、《國民報》本作「凡此諸証」。

生也，乃謂止此卒卒數十年而已㉑，于是心光之所注射，雖萬變百遷，（終）不出乎飲食男女貨利名位之外，則彼蒼之生人，徒以供玩弄，而旋即毀之矣。嗚呼，悲矣！孔曰：「未知生，焉知死。」欲明乎死，試與論生。生何自？而生能記憶前生者，往往有之。借曰生無自也，則無生而不生矣㉒。知不生，亦當知不滅。匪直其精靈然也，即體魄之至粗，爲筋骨血肉之屬，兼化學之醫學家則知凡得鐵若干，餘金類若干，木類若干，燐若干，炭若干，小粉若干，糖若干，鹽若干，油若干，水若干，餘雜質若干，氣質若干，皆用天地固有之質點粘合而成人。及其既敝而散，仍初（各）還其質點之故，復他有所粘合而成新人新物。生固非生，滅亦非滅。又況體魄中之精靈，固無從覩其生滅者乎。莊曰：「善吾生者，乃所以善吾死也。」此言最爲學道入聖之始基。由是張橫渠有「太和」之說，王船山有「一聖人死，其氣分爲眾賢人」之說；其在耶，則曰「靈魂」，曰「永生」；在佛則曰「輪迴」，曰「死此生彼」。或疑孔子教無此，夫繫易固曰：「原始反終，故知死生之說，精氣爲物，游魂爲變，是故知鬼神之情狀」，何爲不言乎！英士韋廉臣，著《古教彙參》，雜陳（東）西古今之教，至爲殽賾，有極精微者，亦有荒誕不可究詰者。然不論如何精微荒誕，皆用相同之公理二：曰「慈悲」，曰「靈魂」。不言慈悲靈魂，不得有教。第言慈悲，不言靈魂，教而不足以行。

㉑《亞東》本作「乃謂止此卒卒十數年而已」，今據各本

㉒《清議報》本同。《國民報》本以次，並作「則無往而不生矣」。

言靈魂不極荒誕，又不足行于愚冥頑梗之域。且荒誕云者，自世俗名之云爾，佛眼觀之，何荒誕之非精微也？鄙儒老生，一聞靈魂，咋舌驚爲荒誕，烏知不生不滅者固然其素矣！今使靈魂之說明，雖至闇者猶知死後有莫大之事，（及）無窮之苦樂，必不于生前之暫苦暫樂而生貪著厭離之想。知天堂地獄，森列于心目，必不敢欺飾放縱，（將）日遷善以自兢惕。知身爲不死之物，雖殺之亦不死，則成仁取義，必無怛怖于其衷。且此死（生）未及竟者，來生固可以補之，復何所憚而不亹亹。此以殺爲不死，然己又斷殺者，非哀其死也，哀其具有成佛之性，強夭閼之使死而又生也。是故學者當知身爲不死之物，然後好生惡死之惑可祛也。

譚嗣同曰㉓：「西人雖日爲槍炮殺人之具，而其心實別有所注，初不在此數十年之夢幻。所謂顧諟天之明命，眾惑盡祛而事業乃以勃興焉。」或曰：「來生不復記憶今生，猶今生之不知前生。雖有來生，竟是別爲一人，善報惡報，與今生之我何與？」則告之曰：達此又可與忘人我矣。今生來生本爲一我，而以爲別一人，以其不相知也。則我于世之人，皆不相知，皆以爲別一人，即安知皆非我耶？況佛說無始劫之事，耶曰「末日審判」，又未必終無記憶而知之日也。若夫道力不足，任世之險阻，爲一時憤怒所激，妄欲早自引決，孱弱詭避，轉若惡生好死者，豈不以死則可以倖免矣。不知業力所纏，愈死且愈生，強脫此生之苦，而彼生忽然又加甚矣，雖百死復何濟？《禮》于畏、壓、溺謂之三不弔，孟曰：「知命者不立乎

㉓ 除《亞東》本外，各本均作「□□□曰」。

岩墻之下。」此修身俟命之學所以不可不講，而輪迴因果報應諸說所以窮古今無可詘焉。

雖然，西人言靈魂，亦有不盡然也。同一大圓性海，各得一小分，稟之以爲人，爲動物，爲植物，爲金石，爲沙礫水土，爲屎溺，乃謂惟人有靈魂，物皆無之，此固不然矣。佛說：「人化爲羊，羊化爲人」，而惡道中有畜生一道。人不保其靈魂，則墮爲動物；動物苟善保其靈魂，則還爲人。動物與人，食息不能或異，豈獨無靈魂哉？至若植物，似于人遠矣。然亦食淵泉雨露，息炭養二氣也。非洲之毒草，則竟有食人物血肉者。人之肺在內，植物之肺在外，即葉是也。悉去植物之葉，而絕其萌芽，則立槁（矣）：無肺固無以呼吸矣。西人謂《詩》「東門之楊，其葉肺肺」，體物象形，爲最工緻。此亦訓詁之奇而確者。至若金石沙礫水土屎溺之屬，竟無食息矣，然而不得謂之無知也。何以驗其有知？曰：有性情。何以驗其有性情？曰：有好惡。有好惡，于是有攻取；有攻取，于是有異同；有異同，于是有分合，有生克。有此諸端，醫家乃得而用之㉔。夫人之能用物，豈有他哉！熟知其好惡之知，而愼感之已耳。推此則虛空之中，亦皆有知也。而世咸目植物以下者爲無知，直不當以人所知之數例之；所以疑莫能明。人之知爲繁，動物次之；植物以下，惟得一端，如葵之傾日，鐵之吸電，火之炎上，水之流下。知雖一端，要非人所不能有也。在人則謂之知，在物乃不謂之知，可乎？且夫人固號爲有知矣，獨是所謂知者，果何等物也？謂知出乎心，心司紅血紫血

㉔ 鉛字排印本、《國民報》本增「水火電熱聲光學乃得而用之，農礦工藝製造學乃得而用之」二句。

之出納，烏覩所謂知耶？則必出于腦，剖腦而察之，其色灰敗，其質脂，其形窪隆不平，如核桃仁；于所謂知，又無有也。切而求之，心何以能司血？腦之形色何所于用？夫非猶是好惡攻取也歟？人亦一物耳，是物不惟有知，抑竟同于人之知，惟數多寡異耳。或曰：「夫如是，何以言無性也？」曰：凡所謂有性無性，皆使人物歸于一體而設之詞㉕，莊所謂道行之而成，物謂之而然也。謂人有性，物固有性矣；謂物無性，人亦無性矣。然則即推物無知，謂人亦無知，無不可也。今既有知之謂矣，知則出于以太，不生不滅同焉；靈魂者，即其不生不滅之知也。而謂物無靈魂，是物無以太矣，可乎哉？西人論心靈，進窮艷麗之所本，因謂齒角羽毛，華葉附萼，雲譎波詭，霞絢星明，凡物皆能自出其光采以悅人。然則其中莫不有至精靈者焉，何復自背其說，謂物無靈魂？故知此必不然矣。抑彼更有大謬不然者：既知靈魂之後果爲天堂地獄，或永苦，或永樂，獨不明雲魂之前因爲何，求之不得，乃強爲之說曰：「人皆有罪。」似矣，罪于何起？則又強爲之說曰：「始祖亞當、夏娃，及歷代祖宗所遺之罪。」夫前人之罪，前人實承之，于後人何與？罪人不孥，人法猶爾，豈天之仁愛乃不逮人乎？且彼所重者靈魂，而原罪于前人，是又專重體魄矣。體魄爲前人所遺，豈靈魂亦前人所遺乎？然則前人之靈魂又何往？若謂轉爲後人之靈魂，是一性自爲輪迴，與其教之宗旨不合，與永樂永苦猶不合也。審是，則靈魂亦自有罪而自受之；自無始來，死生流轉，曾無

㉕ 鉛字排印本《國民報》本作「皆使人物歸于一體而言」。

休息，復于生體魄不生靈魂之前人何與也？《易》雖有「餘慶餘殃」之說，殆以觀形起化言之，所謂餘者，慶不一慶、殃不一殃之謂，必非餘而遺諸後人矣。乃中國之談因果，亦輒推本前人，皆泥于體魄，轉使靈魂之義晦昧而不彰，過矣！失與西人同耳。泥于體魄，而中國一切誣妄惑溺，始由是起矣。事鬼神者，心事之也，即自事其心也，即自事其靈魂也，而偏妄擬鬼神之體魄，至以土木肖之。土木盛而靈魂愚矣，靈魂愚而體魄之說橫矣。風水也，星命也，五行也，壬遁也，雜占雜忌也，凡爲禍福富貴利益而爲之者，皆見及于體魄而止。不謂儒之末流，則亦專主體魄以爲教。其言曰：「吾所以異于異端者，法度文爲，皆自親而及疏也。彼墨子之兼愛，亂親疏之言也。」嗚呼，墨子何嘗亂親疏哉！親疏者，體魄乃有之。從而有之，則從而亂之。若夫不生不滅之以太，通天地萬物人我爲一身，復何親疏之有？親疏且無，何況于亂？不達乎此，反詆墨學，彼烏知惟兼愛一語爲能超出體魄之上而獨任靈魂，墨學中之最合以太者也。不能超體魄而分親疏，親疏生分別。分別親疏，則有禮之名。自禮名親疏，而親疏于是乎大亂。心所不樂而強之，身所不便而縛之。縛則升降拜跪之文繁，強則至誠惻怛之意汨。親者反緣此而疏，疏者亦可冒此而親。日糜其有用之精力，有限之光明，以從事無謂之虛禮。即彼自命爲守禮，亦豈不知其無謂，特以習俗所尚，聊僞以將之云耳。故曰：「禮者，忠信之薄，而亂之首也。」夫禮，依仁而著，仁則自然有禮，不待別爲標識而刻繩之，亦猶倫常親疏，自然而有，不必嚴立等威而苛持之也。禮與倫常皆原于仁，而其究也，可以至于大不仁，則泥于體魄之爲害大矣哉。

不生不滅烏乎出？曰：出于微生滅。此非佛說菩薩地位之微生滅也，乃以太中自有之微生滅也。不生不滅至于佛入涅槃，蔑以加矣，然佛固曰不離師子座，現身一切處，一切一入，一入一切，則又時時從兜率天宮下，時時投胎，時時住胎，時時出世，時時出家，時時成道，時時降魔，時時轉法輪，時時般涅槃。一刹那頃，已有無量佛生滅，已有無量眾生生滅，已有無量世界法界生滅。求之過去，生滅無始；求之未來，生滅無終；求之現在，生滅息息，過乎前而未嘗或住。是故輪迴者，不于生死而始有也，彼特大輪迴耳。無時不生死，即無時非輪迴；自（有）一出一處，一行一止，一語一默，一思一寂，一聽一視，一飲一食，一夢一醒，一氣縷，一血輪，彼去而此來，此連而彼斷。去者死，來者又生；連者生，斷者又死。何所爲而生？何所爲而死？乃終無能出于生死輪迴之外。可哀矣哉！由念念相續而造之使成也。例乎此，則大輪迴亦必念念所造成。佛故說三界惟心，又說一切惟心所造㉖。人之能出大輪迴與否，則于細輪迴而知之矣。細輪迴不已，則生死終不得息，以太之微生滅亦不得息。莊曰：「藏舟于壑，自謂已固，有大力者夜半負之而走。」吾謂將并壑而負之走也。又曰：「鴻鵠已翔于萬仞，而羅者猶視乎藪澤。」吾謂并藪澤亦一已翔者也。又曰：「日夜相代乎前。」吾謂代則無日夜者。又曰：「方生方死，方死方生。」吾謂方則無生死也。王船山曰：「已生之天地，今日是也；未生之天地，今日是也。」吾謂今日者即無今日也。皆自其生滅

㉖《亞東》本作「爲心」誤，今據《國民報》本作「惟心」。

不息言之也。不息故久，久而不息，則暫者綿之永，短者引之長，渙者統之萃，絕者續之亙，有數者渾之而無數，有跡者溝之而無跡，有間者強之而無間，有等級者通之而無等級。人是故皆爲所瞞，而自以爲有生矣。孔在川上曰：「逝者如斯夫，不捨晝夜。」晝夜即川之理，川即晝夜之形。前者逝而後者不捨，乍以爲前，又以居乎後，卒不能割而斷之曰孰前孰後也。逝者往而不捨者復繼，乍以爲繼，適以成乎往，卒不能執而私之曰孰往孰繼也。可攝川于涓滴，涓滴所以匯而爲川；可縮晝夜于瞬息，瞬息所以衍而爲晝夜。亦逝而已矣。亦不捨而已矣。非一非異㉗，非斷非常。旋生旋滅，即滅即生。生與滅相授之際，微之又微，至（于）無可微，密之又密，至無可密。夫是以融化爲一，而成乎不生不滅。成乎不生不滅，而所以成之之微生滅，固不容掩焉矣。

今夫我何以知有今日也？比于過去未來而知之。然而去者則已去，來者又未來，又何以知有今日？迨乎我知有今日，則固已逝之今日也。過去獨無今日乎？乃謂之曰過去。未來獨無今日乎？乃謂之曰未來。今日宜爲今日矣，乃閱明日，則不謂今日爲今日。閱又明日，又不謂明日爲今日。日析爲時，時析爲刻，刻析爲分，分析爲秒忽，秒忽隨生而隨滅，確指某秒某忽爲今日，某秒某忽爲今日之秒忽，不能也。昨日之天地，物我據之以爲生，今日則皆滅；今日之天地，物我據之以爲生，明日則又滅。不得據今日爲生，即不得據今日爲滅，故

㉗ 除《亞東》本、《清議報》本外，各本均作「非一非二」。

曰：生滅即不生不滅也。抑嘗有悟于夢矣：一夕而已，而夢中所閱歷者，或數日，或數月，或數年，或數十年；夫一夕而已，何以能容此？此而能容，當不復醒矣，及其既醒，而數日數月數年數十年者，即又何往？庸詎知千萬年前之今日，非今日之今日？庸詎知千萬年後之今日，非今日之今日？佛故名之曰：「三世一時」。三世一時，則無可知也。自以爲知有今日，逝者而已矣。今夫我又何以知有我也？比于非我而知之。然而非我既已非我矣，又何以知有我？迨乎我知有我，則固已逝之我也。一身而有四體五官之分，四體五官而有筋骨血肉之分，筋骨血肉又各有無數之分，每分之質點，又各有無數之分，窮其數可由一而萬萬也。今試言某者是我，謂有一是我，餘皆非我，則我當分裂。謂皆是我，則有萬萬我，而我又當分裂。由胚胎以至老死，由氣質流質以成定質，由膚寸之以抵七尺之幹，又由體魄以終于潰爛朽化，轉輾變爲他物，其數亦由一而萬萬也。試言某者是我，謂有一是我，餘皆非我，則我當分裂。謂皆是我，則有萬萬我，而我又當分裂。我之往來奔走也，昨日南而今日北，謂我在北，則昨南之我何往？謂我去南，則今北之我又非終于不去。確指南者是我，北者是我，不能也。我之飲食呼吸也，將取乎精英以補我之氣與血。然養氣也，旋化而爲炭氣，紅血也，旋變而爲紫血；或由九竅而出之，爲氣，爲唾涕，爲泗洟，爲矢溺，爲凝結之物；或由毛孔而出之，爲熱氣，爲濕氣，爲汗，爲油，爲垢膩；或爲鬚髮之脫，或爲爪甲之斷落。方氣血之爲用也，曾不容秒忽而旋即謝去，確指某氣縷之出入爲我，某血輪之流動爲我，不能也。以生爲我，而我倏滅；以滅爲我，而我固生。可云我在生中，亦可云我在滅中。故曰：不生不滅，即生滅也。抑嘗有悟于思矣：謂思在腦，腦之形有量而思無量，或一世界，或數世界，或恆河沙數世界，莫不郎懸目前，了了可辨。夫以無量入有量，有量何往？及所思既倦，而無量又何往？一切衆生，併而爲我，我不加大；我徧而爲一切衆生，我不減小。故名之曰：「一多相容」。一多相容，則無可知也。自以爲知有我，逝者而已矣。王船山亦有言，以爲德之已得，功之已成，皆其逝焉者也。夫目能視色，迨色之至乎目，而色既逝矣；耳能聽聲，迨聲之至乎耳，而聲既逝矣；惟鼻舌身亦復如是。體貌顏色，日日代變，晨起而觀，人無一日同也。骨肉之親，聚處數十年，不覺其異，然回憶數十年前之情景，宛若兩人也。則日日生者，實日日死也。天日生生，性日存存。繼繼承承，運以不停。孰不欲攀援而從之哉？而勢終處于不及。世人妄逐既逝之榮辱得喪，執之以爲哀樂。過駒不留，而墮甑猶顧；前者未忘，而後者沓至。終其身接應不暇，而卒于無一所（能）應，不亦悲乎㉘！

「一多相容」也，「三世一時」也，此下士所大笑不信也，烏知爲天地萬物自然而固然之眞理乎！眞理之不知，反緣歷劫之業力。障翳深厚，執妄爲眞，認賊爲子，自擾自亂，自愚自惑，遂爲對待所瞞耳。對待生于彼此，彼此生于有我。我爲一，對我者爲人，則生二；人我之交，則生三。參之伍之，錯之綜之，朝三而暮四，朝四而暮三，名實未虧，而喜惡因

㉘ 除《亞東》本、《清議報》本外，《全編》本作「終至於接應不暇，而卒於無一能應，不亦悲乎？」鉛字排印本、《國民報》本作「終至接應不暇，而卒於無一能應，不亦悲乎？」

之。由是大小多寡，長短久暫，一切對待之名，一切對待之分別，殽然鬩然。其瞞也，其自瞞也，不可以解矣。然而有瞞之不盡者，偶露端倪，所以示學人以路也。一夢而數十年月也，一思而無量世界也。尺寸之鏡，無形不納焉；銖兩之腦，無物不志焉。西域之技，吐火而吞刀；眞人之行，火不熱而水不濡。水爲流質，則相浮游泳。若處于空地爲圓體，則倒豎橫斜，皆可以立。同一空氣，忽傳聲忽傳光而不殽也；同一電浪，或傳熱或傳力而不舛也。虛空有無量之星日，星日有無量之虛空，可謂大矣。非彼大也，以我小也。有人不能見之微生物，有微生物不能見之微生物，可謂小矣。非彼小也，以我大也。何以有大？比例于我小而得之；何以有小？比例于我大而得之。然則但有我見，世間果無大小矣。多寡長短久暫，亦復如是。疑以爲幻，雖我亦幻也。何幻非眞？何眞非幻？眞幻亦對待之詞，不足疑對待也。驚以爲奇，而我之能言能動能食能思，不更奇乎？何奇非庸？何庸非奇？庸奇又對待之詞，不足驚對待也。凡此皆瞞之不盡者，而尤以西人格致之學，爲能畢發其覆。漲也縮之，微也顯之，亡也存之，盡也衍之。聲光虛也，可貯而實之；形質阻也，可鑒而洞之。聲光化電氣重之說盛，對待或幾幾乎破矣！欲破對待，必先明格致；欲明格致，又必先辨對待。有此則有彼，無獨有偶焉，不待問而知之，辨對待之說也。無彼復無此，此即彼，彼即此焉，不必知，亦無可知，破對待之說也。辨對待者，西人所謂辨學也，公孫龍、惠施之徒時術之，「堅白異同」之辨，曲達之學者之始基也。由辨學而算學，算學實辨學之衍于形者也；由算學而格致，格致實辨學算學同致于用者也，學者之中成也。格致明而對待破，學者之極詣也。孔子曰：「下學而上達。」未有可以躐等而蹴幾，亦何可以中止而自畫也。故嘗謂西學皆源于佛學，亦惟有西學，而佛學可復明于世。彼其大笑而不信，抑又何據而然乎？豈不以眼耳鼻舌身所不及接也？此其愚惑也滋甚。眼耳鼻舌身所及接者，曰色聲香味觸五而已。以法界虛空界眾生界之無量無邊，其間所有，必不止五也明矣。僅憑我所有之五，以妄度無量無邊，而臆斷其有無，奚可哉！是故同爲眼也，有肉眼，有天眼，有慧眼，有法眼，有佛眼。肉眼見爲國土爲虛空，天眼或見爲海水爲地獄；無所見而不異焉。慧眼以上，又各有異。奈何以肉眼所見爲可據也！耳鼻舌身亦復如是。即以肉眼肉耳論，有遠鏡顯微鏡所見，而眼不及見者焉，又有遠鏡顯微鏡亦不及見者焉；有電筒德律風所聞，而耳不及聞者焉，又有電筒德律風亦不及聞者焉。且眼耳所見聞，又非眞能見聞也。眼有簾焉，形入而繪其影，由簾達腦而覺爲見，則見者見眼簾之影耳，其眞形實萬古不能見也。豈惟形不得見，影既緣繪而有是，必點點線線而綴之，枝枝節節而累之，惟其甚速，所以不覺其勞倦，迨成爲影，彼其形之逝也，亦已久矣；影又待腦而知，則影一已逝之影，并眞影不得而見也。故至遠之恆星，有毀已千萬年，而光始達于地者。推光行之速率，至于密邇，亦何莫不然。耳有鼓焉，聲入而肖其響，由鼓傳腦而覺爲聞，則聞者聞耳鼓之響耳，其眞聲實萬古不能聞也。豈惟聲不得聞，響既緣肖而有是，必彼之既終，而此方以爲始，惟其甚捷，所以不覺其斷續，迨成爲響，彼其聲之逝也，亦已久矣；響又待腦而知，則響一已逝之響，并眞響不得而聞也。故雷炮之遠發，山谷之徐應，有踰時而聲始往返者。推聲浪之速率，至于切近，亦何莫不然。懸虱久視，大如車輪；

床下蟻動，有如牛斗。眼耳之果足恃耶否耶？鼻依香之逝，舌依味之逝，身依觸之逝，其不足恃，均也。恃五以接五，猶不足以盡五，況無量無邊之不止五！彼其大笑而不信，乃欲恃五以接不止五乎？恃五則五寡矣，然恃五又多此五矣。苟不以眼見，不以耳聞，不以鼻嗅，不以舌嘗，不以身觸，乃至不以心思，轉業識而成智慧，然後「一多相容」、「三世一時」之眞理乃日見乎前。任逝者之逝而我不逝，任我之逝而逝者卒未嘗逝。眞理出，斯對待不破以自破。

反乎逝而觀，則名之曰「日新」，孔曰：「革去故，鼎取新。」又曰：「日新之謂盛德。」夫善至于日新而止矣，夫惡亦至于不自（日）新而止矣。天不新，何以生？地不新，何以運行？日月不新，何以光明？四時不新，何以寒燠發斂之迭更？草木不新，豐縟者歇矣；血氣不新，，經路（絡）者絕矣；以太不新，三界萬法皆滅矣。孔曰「改過」，佛曰「懺悔」，耶曰「認罪」，新之謂也。孔曰「不已」，佛曰「精進」，耶曰「上帝國近爾矣」，新而又新之謂也。則新也者，夫亦群教之公理也。德之宜新也，世容知之，獨何以居今之世，獨有守舊之鄙生，齗齗然曰不當變法，何哉？是將挾其薾敝惰怯之私，而窒天之生，而尼（戹）地之運行，而蔽日月之光明，而亂四時之迭更，而一獨百產萬靈之芸芸，不恤亡學亡政亡教，以拗戾乎不生不滅者也。雖然，彼之力又何足以云爾哉？毋亦自斷其方生之化機，而與于不仁之甚，則終成爲極舊極敝一殘朽不靈之廢物而已矣！乃彼方詡于人曰「好古者」，是又大惑也已。古而可好，又何必爲今之人哉？所貴乎讀書者，在得其精意以充其所未逮焉耳；苟以其跡而已，則不問理之是非，而但援事之有無，臯猊四凶，何代蔑有，殆將一一則之效之乎？鄭玄箋《詩》「言從之邁」，謂當自殺以從古人，則嘗笑其愚。今之自矜好古者，奚不自殺以從古人，而漫鼓其輔頰舌以爭乎今也？夫孔子則不然，刪《書》則斷自唐、虞，存《詩》則止乎三百。然猶早歲從周之制作也，晚而道不行，掩涕于獲麟，默知非變法不可，于是發憤作《春秋》，悉廢古學，而改今制，復何嘗有好古之云云也。□□□曰：「《論語》第七篇，當是《默而》第七，劉歆私改「默」爲「述」，竄入「述而不作，信而好古，竊比于我老彭」十四字以申其古學，篇名遂號《述而》矣。」「我非生而知之者，敏以求之者也。」生知與敏求相反相對，文義自足，無俟旁助，而忽中梗好古二字，語意都不連貫，是亦歆竄矣。世豈甘爲莽、歆之奴隸也乎？則好古亦其宜也。□□□曰：「于文從古，皆非佳義。從草則苦，從木則枯，從草木則楛，從网則罟，從辛則辜，從攴則故，從口則固，從歹則殆，從疒則痁，從監則鹽，從牛則牯，從疒口則痼，從水口則涸。且從人則估，估客非上流也。從水爲沽，孔子所不食也。從女爲姑，姑息之謂細人。吾不知好古者何去何從也。」歐、美二洲，以好新而興；日本效之，至變其衣食嗜好。亞、非、澳三洲，以好古而亡。中國動輒援古制，死亡之在眉睫，猶棲心于榛狉未化之世，若于今熟視無覩也者。莊曰：「莫悲于心死，而身死次之」，謚曰至愚，可不謂之大哀！

日新烏乎本？曰：以太之動機而已矣。獨不見夫雷乎？虛空洞杳，都無一物，忽有雲雨相値，則合兩電，兩電則有正有負，正負則有異有同，異則相攻，同則相取，而奔崩轟殉（訇）

發焉。宇宙為之掀鼓，山川為之戰撼，居者愕眙，行者道仆，懦夫孺子，掩耳而良久不怡，夫亦可謂暴矣。然而繼之以甘雨，扇之以和風，霧豁天醒，霾斂氣蘇，霄宇軒昭，大地澂滌，三辰晶英于上，百昌（彙）孚甲振奮于下，蜎飛蠕動，雍容任運而自得，因之而時和，因之而年豐，因之而品彙亨通，以生以成，夫孰非以太之一動，而緜緜以無極也。斯可謂仁之端也已！王船山邃于《易》，于有雷之卦，說必加精，明而益微。至屯之所以滿盈也，豫之所以奮也，大壯之所以壯也，無妄之所以無妄也，復之所以見天心也，震之所以不喪匕鬯而再則泥也，罔不由于動。天行健，自動也。天鼓萬物，鼓其動也。輔相裁成，奉天動也。君子之學，恆其動也。吉凶悔吝，貞夫動也。謂地不動，昧于歷算者也。《易》抑陰而扶陽，則柔靜之與剛動異也。夫善治天下者，亦豈不由斯道矣！夫鼎之革之，先之勞之，作之興之，廢者舉之，敝者易之，飽食煖衣而逸居，則懼其淪于禽獸；烏知乎有李耳者出，言靜而戒動，言柔而毀剛！鄉曲之士，給饘粥，察雞豚，而長養子孫，以之自遁而苟視息焉，固亦術之工者矣；烏知乎學子術焉，士大夫術焉，諸侯王術焉，浸淫而天子亦術焉，卒使數千年來成乎似忠信似廉潔一無刺無非之鄉愿天下！言學術則曰「寧靜」，言治術則曰「安靜」。處事不計是非，而首禁更張；躁妄喜事之名立，百端由是廢弛矣。用人不問賢不肖，而多方遏抑；少年意氣之論起，柄權則頹暮矣。陳言者則命之曰「希望恩澤」，程功者則命之曰「露才揚己」。既為糊名以取之，而復隘其途；既為年資以用之，而復嚴其等。財則憚闢利源，兵則不貴朝氣。統政府台諫六部九卿督撫司道之所朝夕孜孜不已者，不過力制四萬萬人之動，縶其手足，塗塞其耳目，盡驅以入契乎一定不移之鄉愿格式。夫群四萬萬（之）鄉愿以爲國，教安得不亡，種類安得而可保也！嗚呼，吾且爲西人悲矣！西人以喜動而霸五大洲，馴至文士亦尙體操，婦女亦侈游歷，此其崛興爲何如矣。顧哀中國（之）亡于靜，輒曰此不痛不癢頑鈍而無恥者也，爲危詞以怵之，爲巽語以誘之，爲大聲疾呼以警之，爲通商以招之，爲傳教以聒之，爲報館爲譯書以誨之，爲學堂爲醫院以拯之，至不得已而爲兵戈槍炮水雷鐵艦以大創之，然而中國則冥然而罔覺，悍然而不顧，自初至終未嘗一動也。夫掘冢中枯骨與數百年之陳死人而強之使動，烏可得乎哉！西人方拳拳焉不以自阻，可謂愚矣，故足爲悲也。西人之喜動，其堅忍不撓，以救世爲心之耶教使然也。又豈惟耶教，孔教固然矣；佛教尤甚。曰「威力」，曰「奮迅」，曰「勇猛」，曰「大無畏」，曰「大雄」，括此數義，至取象于師子。言密必濟之以顯，修止必偕之以觀。以太之動機，以成乎日新之變化，夫固未有能遏之者也！論者闇于佛、老之辨，混而同之，以謂山林習靜而已，此正佛所詆爲頑空，爲斷滅，爲九十六種外道，而佛豈其然哉！乃若物之靜也，則將以善其動，而徧度一切眾生。更精而言之，動即靜，靜即動，尤不必有此對待之名，（故）夫善學佛者未有不震動奮厲而雄強剛猛者也。

李耳之術之亂中國也，柔靜其易知矣。若夫力足以殺盡地球含生之類，胥天地鬼神以淪陷于不仁，而卒無一人能少知其非者，則曰「儉」。儉從人，僉聲；凡儉皆僉人也。且夫儉之與奢也，吾又不知果何所據而得其比較，差其等第，以定厥名，曰某爲奢，某爲儉也。今使日用千金，俗所謂奢矣，然而有倍徒者焉，有什伯千萬者焉。奢至于極，莫如佛。金剛以爲地，摩尼以爲坐。種種纓絡帝網，種種寶幢寶蓋，種種香花衣雲，種種飲食勝味。以視世人，誰能奢者？則奢之名不得而定也。今使日用百錢，俗所謂儉矣，然而流氓乞丐，有日用數錢者焉，有掘草根屑樹皮苟食以待盡，而不名一錢者焉。儉至于極，莫如禽獸。穴土棲木以爲居，而無宮室；毛羽蒙茸以爲煖，而無衣裘；恃爪牙以求食，而無耕作販運之勞。以視世人，誰能儉者？則儉之名不得而定也。本無所謂奢儉，而妄生分別以爲之名，又爲之教曰黜奢崇儉。雖唐、虞三代之盛，不能辨去此惑，是何異搏虛空以爲質，捫飄風而不釋者矣。雖然，無能限多寡以定奢儉，則試量出入以定奢儉。俗以日用千金爲奢，使入萬金焉，則固不名之奢而名之儉，以其尚儲九千于無用之地也。俗以日用百錢爲儉，使入不逮百錢，則不名之儉而名之奢，以其聰明才力僅足以及此也。溢則傾之，歉而納焉，是儉自有天然之度，無待崇也。且所謂崇儉，抑又矛盾之說也。衣布枲足矣，而遺使勸蠶桑胡爲者？豈非導之奢乎？則蠶桑宜禁矣。通有無足矣，而開礦取金銀胡爲者？豈非示之汰乎？則金銀宜禁矣。此雖曰膠離朱之目，攦工倕之指，猶患不給，凡開物成務，利用前民，勵材獎能，通商惠工，一切制度文爲，經營區畫，皆當廢絕。嗟乎！金玉貨幣，與夫六府百產之饒，誠何足攖豪傑之心胸，然而歷代聖君賢相貴之重之，何哉？以其爲生民之大命也。持籌握算，銖積寸累，力遏生民之大命而不使之流通。今日節一食，天下必有受其飢者；明日縮一衣，天下必有受其寒者。家累巨萬，無異窮人。坐視羸瘠盈溝壑，餓殍蔽道路，一無所動于中，而獨室家子孫之爲計。天下且翕然歸之曰：儉者美德也。是以奸猾桀黠之資，憑借高位，尊齒重望，陰行豪強兼并之術，以之欺世盜名焉。此鄉愿之所以賊德，而見（允）爲僉人之尤矣！向以爲米鹽凌雜，雞豚詬誶，特老嫗灶婢之所用心，及泛覽于今之士大夫，乃莫不然。寧使粟紅貫朽，珍異腐敗，終不以分于人；一聞興作工役，罔不動色相戒懼，以爲家之索也。其教誡子弟，必以儉爲莫大之教訓，而子弟卒以狂蕩破家聞。抑嘗觀于鄉矣，千家之聚，必有所謂富室焉，左右比鄰以及附近之困頓不自聊者，所仰而以爲生也。乃其刻谿瑣嗇，彌甚于人，自苦其身，以剝削貧民爲務。放債則子巨于母而先取質，糶糴則陰伺其急而厚取利；扼之持之，使不得出。及其箝絡久之，胥一鄉皆爲所併呑，遂不得不供其奴役，而入租稅于一家。《周禮》有保富之文，富而若此，豈堪更保之耶？居無何，鄉里日益貧，則流而爲盜賊，伺衅劫奪焚殺，富室乃隨之煨燼。即幸而不至此，愈儉則愈陋，民智不興，物產凋窳。所與皆窶人也，己亦不能更有所取，且暗受其銷鑠。一傳而後，產析而薄，食指加繁，又將轉而被他人之剝削併呑，與所加乎于人者無或異也。轉輾相苦，轉輾相累，馴至人人儉而人人貧。天下大勢，遂乃不可以支。葛屨桃園之刺，詩人有遠憂焉。蓋坐此寂寂然一鄉，而一縣，而一省，而逋毒于四海，而二萬里之地，而四萬萬之人，而二十六萬種之物，遂成爲至貧極窘之中國。不惟中國，彼非洲、澳洲，及中亞之回族、美洲之土番、印度巫來由之雜色人、越南、緬甸、高麗、琉球之藩邦，其敗亡之由，咸此而已矣。言靜者惰歸之暮氣，鬼道也；言儉者齷齪之昏心，禽道也。率天下而爲鬼爲禽，且猶美之曰「靜德儉德」，夫果何取也？

夫豈不知奢之爲害烈也，然害止于一身家，而利十百矣。錦繡珠玉棟宇車馬歌舞宴會之所集，是固農工商賈從而取贏，而轉移執事者所奔走而趨附也。楚人遺弓，楚人得之，孔子猶嘆其小。刈著而遺簪，田婦方且不惜。奈何思（私）壟斷天下之財，恝不一散，以沾潤于國之人也，即使流弊所極，利不勝害，不猶愈于堅握生民之大命，死之于鄙吝猥陋之小夫哉？然欲求百利而無一害，抑豈無道以處此？必令于富者曰：「而瘁而形，而劬而力，而以有而之積蓄，而悉以散諸貧無貲者」，則爲人情所大難。夫亦孰爲必使之散之哉？且將大聚之，在流注灌輸之間焉耳。有礦焉，建學興機器以開之，凡闢山通道濬川鑿險咸視此。有田焉，建學興機器以耕之，凡材木水利畜牧蠶織咸視此。有工焉，建學興機器以代之，凡攻金攻木造紙造糠咸視此。大富則爲（設）大廠，中富附焉，或別爲分廠。富而能設機器廠，窮民賴以養，物產賴以盈，錢幣賴以流通，己之富亦賴以擴充而愈厚。不惟無所用儉也，亦無所用其施濟；第就天地自有之利，假吾力焉以發其復，遂至充溢溥遍而收博施濟眾之功。故理財者慎毋言節流也，開源而已。源日開而日亨，流日節而日困。始之以困人，終必困乎己。猶大旱之歲，土山焦，金石流，惟晝守蹏涔之涓涓，謂可私于己；果可施（私）于己乎？則孰若濬清渠，激洪波，引稽天之澤，蘇渺莽之原，人皆蒙惠，而己固在其中乎。然而昧者聞之，又將反其實，曰：「機器奪民之利。」噫，何不觀于歐、美諸洲，而一繩其得失也！今且詰之曰：「民之貧也，貧于物產之饒乎？抑貧于物產之絀乎？求富民者，將豐其物產以富之乎？抑耗其物產以富之乎？」彼必曰：「饒富而耗貧。」又詰之曰：「百人耕而養一人，與一人耕而養百人，孰爲饒？孰爲耗？」彼必曰：「耕一養百者耗，耕百養一饒。」然則機器固不容緩矣。用貨之生齒，遠繁于昔，而出貨之疆土，無闢于今。其差數無異百之于一也。假而有貨焉，百人爲之不足，用機器則一人爲之有餘，是貨百饒于人也。一人百日爲之不足，用機器則一人一日爲之有餘，是貨百饒于日也。日愈益省，貨愈益饒，民愈益富。饒十則富十倍，饒百則富百倍。雖不識九九之人，不待布算之勞，可定其比例矣。人特患不能多造貨物，以廣民利耳。或造矣，而力未逮；或逮矣，而時不給。今用機器，則舉無慮焉。其爲功于民何如哉！稱天之德，不過曰造物而已，而曰奪民利，何耶？且所省之人工日工，又將他有所興造，利源必推行日廣，豈有失業坐廢之虞。譬之一家焉，伯制器，仲販運，叔耕以供養，季織以供衣，若用機器助力，伯所制器必加多，用機器運物，仲又舍其販運而增製（機）器，機器無衣食之費，叔季初不加其供億，益將委耕織于機器，而增制器，以視向者所獲，不既多乎？難者又曰：「機器興，物產饒，物價宜廉矣，而歐、美反貴者，何也？」曰：此機器之所以利民也。小民窮歲月之力，拮据辛勞，以成一物，豈不欲器多値哉？而價止于此，此其可哀甚矣。蓋物價之貴賤，隱視民命之重輕以爲衡。治化隆美之世，民皆豐樂充裕，愛惜生命，不肯多用人力，人亦從而愛惜之焉。故創造一物，即因其力之可貴而貴之。苟或不貴，固不急求售，亦將不復造。且民皆富矣，雖多出値，復何吝？然非機器，又何由皆富厚若此？機器興而物價貴，又以見機器固非奪民利矣。中國之民，至鬻其身以爲奴隸，驅使若犬羊，繫役類重囚，然尚爲美國、南洋所迫逐，而不遑得食。身且如此，更何論所造之物？此所以雖賤極猶莫能售也。乃今之策士，又曰：「中國醇俗龐風，爲不可及也。工價之廉，用度之儉，足以制勝于歐、美。」轉若重爲歐、美憂者。嗟乎，此何足異！中國守此不變，不數十年，其醇其龐，其廉其儉，將有食槁壤，飲黃泉，人皆餓殍，而人類滅亡之一日。何則？生計絕，則勢必至于此也。惟靜故惰，惰則愚；惟儉故陋，陋又愚。兼此兩愚，固將殺盡含生之類，而無不足。故靜與儉，皆愚黔首之慘術，而擠之于死也。夫以歐、美治化之隆，猶有均貧富之黨，輕身命以與富室爲難，毋亦坐擁厚貲者，時有褊之心以召之歟？則儉之爲禍，視靜彌酷矣。

假貲于人，而歲責子金百之一，世必謂之薄息矣，易以月則厚，易以日則愈厚，是猶一與十二與三百六十之比也。執業于肆，歲成一器，雖獲利百之十，世猶謂之賤工矣。易歲以日，富莫大焉，猶十與三十百六十之比也。稗販于千里之外，歲一往還，雖獲利十之二，世猶謂之窨賈矣。歲百往還，則猗頓莫尚焉㉙，猶二與百之比也。故貨財之生，生于時也。時糜貨財歉，時嗇貨財豐。其事相反，適以相成。機器之制與運也，豈有他哉？惜時而已。惜時與不惜時，其利害相去，或百倍，或千倍，此又機器之不容緩者也。時積而成物，物積而值必落，于是變去舊法，別創新物，以新而救積：童子入市，知所決擇焉。而值自上，又有新者值又上。人巧奮，地力盡，程度謹于國，苦窳絕于市，游惰知所警，精良偏于用。西人

㉙ 猗頓，亞東誤作「倚賴」，據各本改。

售物于中國，則以其脆敝者，云中國喜賤值也。喜賤值由于國貧，國貧由于不得惜時之道，不得惜時之道由于無機器；然則機器興而物價貴，斯乃治平之一效矣。治平進而不已；物價亦進而不已。衰國之民，饔飧不給，短褐不完，雖有精物，無能承受，而不解事之腐儒，乃曰天地生財，止有此數，強抑天下之人，使拂性之本然，而相率出于儉。物價自不能違其儉，而孤以騰踴。其初以人謀之不臧，而諉過于天，其繼窒天生之富有而以制人㉚。自儉之名立，然後君權日以尊，而貨棄于地，亦相因之勢然也。一旦銜勒去，民權興，得以從容謀議，各遂其生，各均其利，杼軸繁而懸鶉之衣絕，工作盛而仰屋之嘆消；礦禁弛，誰不輕其金錢，旅行速，誰不樂乎遊覽；復何有儉之可言哉？且驗之幣政，又有然矣。上古之時，以有易無，無所謂幣也。風化漸開，始有用貝代幣者。今美洲土番，猶有螺殼錢，即中國古時之貝，可爲風化初開之證。久之，民智愈啓，始易以銅；又久之，易以銀；今西國又進而用金。使風化更開，必將舍金而益進于上。夫治平至于人人皆可奢，則人之性盡；物物皆可貴，則物之性亦盡。然治平至于人人可奢，物物可貴，即無所用其歆羨畔援，相與兩忘，而咸歸于淡泊，不惟奢無所眩耀，而奢亦儉，不待勉強而儉，豈必遏之塞之，積疲苦之極，反使人欲橫流，一發不可止，終釀爲盜賊囚叛，攘奪篡弒之禍哉？故私天下者尚儉，其財偏以壅，壅故亂；公天下者尚奢，其財均以流，流故平。夫財均矣，有外國焉，不互相均，不足言均也。通商

㉚此據《國民報》本，《亞東》本作「其繼以窒天生之富有，而挾以制人」，誤。

之義，緣斯起焉。西人初亦未達此故，以謂通商足以墟人之國，恐刮取其膏血以去，則柴立而斃也，于是有所謂保護稅者，重稅外入之貨，以陰拒其來，鄰國不睦，或故苛其稅，藉以相苦，因謂稅務亦足以亡人國也。而其實皆非也。一父有數子，數傳之後，將成巨族。西人因詳稽夫家之豐耗，每一歲中，生死相抵，百人可多一人。使無水旱沴癘兵戈及諸災眚，不數十年，本國之物產，必不能支。將他闢新土，而勢處于無可闢，則幸而有外國之貨物輸入而彌縫之，不啻爲吾之外府，而歲效其土貢，且又無闢地之勞費。自然之大利，無便于此者。故通商者，相仁之道也，兩利之道也，客固利，主尤利也。西人商于中國，以其貨物仁我，亦欲購我之貨物以仁彼也。則所易之金銀，將不復持去，然輒持去者，誰令我之工藝不興，商賈不恤，而貨物不與匹敵乎？即令中國長此黯黮，無工藝，無商賈，無貨物，又未嘗不益蒙通商之厚利也。己既不善製造，愈不能不仰給于人。此其一利矣。彼所得者金銀而已，我所得者千百種之貨物；貨物必皆周于用，金銀則飢不可食而寒不可衣。以無用之金銀，易有用之貨物，不啻出貨而爲我服役也㉛。此又一利也。或以爲金銀即貨物，金銀竭，貨物亦亡。是無礦之國，則可云爾矣。中國之礦，富甲地球，夫誰掣其肘，擺其指，不使其民採之取之，而僅恃已出之支流，以塞無當之玉巵乎㉜？此之不明，而日以通商致貧，蓄怨毒于外國，不

㉛ 除《亞東》本、《清議報》本外，各本均作「不啻出貨傭彼而爲我服役也」。

㉜ 除《亞東》本、《清議報》本外，各本均作「以塞無窮之漏巵乎？」。

自振奮而偏巧于推咎，惰者固莫不然也。夫彼以通商仁我，我無以仁彼，既足愧焉；曾不之愧而轉欲絕之。是以不仁絕人之仁，且絕人之仁于我，先即自不仁于我矣。絕之不得，又欲重稅以絕之。稅固有可重者，徒重稅亦烏能絕之哉？英人嘗重稅麥入矣，卒以大困，旋去其稅，惟重稅（其）不切民用者。故凡謂以商務、稅務取人之國，皆西人之舊學也。彼亡國者，別有致亡之道，即非商與稅，亦必亡也。印度、南洋群島，豈有一可不亡之政哉？閱歷久而利害審，今且悉變其說焉。且夫絕其通商，匪惟理不可也，勢亦不行。今之吳、楚，古之蠻夷也，自河南、山東視之，儼然一中外（也）。驟使畫江而守，南不至北，北不至南，日用飲食，各取于其地，毋一往來焉，能乎不能乎？況輪船鐵路電線德律風之屬，幾縮千程于咫尺，玩地球若股掌，梯山航海，如履戶閾，初無所謂中外之限，若古之夷夏，更烏從而絕之乎？爲今之策，上焉者獎工藝，惠商賈，速製造，蕃貨物，而尤扼重于開礦；庶彼仁我，而我亦有以仁彼。能仁人，斯財均，而己亦不困矣。次之，力不足仁彼，而先求自仁，亦省彼之仁我。不甘受人仁者，如（始）能仁人㉝。既省彼之仁我，即以舒彼仁我之力，而以舒之者仁之矣。不然，日受人之仁，安坐不一報，割（游）惰困窮，至于爲人翦滅屠割，揆之上天報施之理，亦有宜然焉耳。夫仁者，通人我之謂也。通商僅通之一端，其得失已較然明白若此。故莫仁于通，莫不仁于不通。

㉝ 其餘各本均作「始能仁人」。

惜時之義大矣哉！禹惜寸陰，陶侃惜分陰。自天下之萬機，以至于庶人之一技，自聖賢之功用，以至于庸眾之衣食，咸自惜時而有也。自西人機器之學出，以製以運，而惜時之具乃備。今第即運言之，執途人而語之曰：「輪船鐵道，可以延年永命，無則短祚促齡。」鮮不笑其妄矣。而非妄也，有萬里之程焉，輪船十日可達，鐵道則三四日。苟無二者，動需累月經年，猶不可必至。此累月經年中，仕宦廢其政（事），工商滯其貨殖，學子荒其藝文，佣走隳其生計，勞人傷于行役，思婦嘆于室庭。緬山川之履綦，邈音書而飛越，寒暑異候，盜發不時，此父母兄弟骨肉朋友之親，死生契闊離別憂悲之什，所由作焉。坐此僕僕無所事事之氣體，雖生而無所裨生人之業，則生不異于死，是此經月（年）累月之命短焉矣。由此類推，無往而非玩時愒日，即幸而得至百年，無形中已耗其強半。又況軍務之不可遲而遲，賑務之不容緩而緩；豪傑散處，而無以萃其群；百產棄置，而無以發其采；固明明有殺人殺物之患害者矣。有輪船鐵路，則舉無慮此。一日可兼十數日之程，則一年可辦十數年之事；加以電線郵政機器製造，工作之簡易，文字之便捷，合而計之，一世所成就，可抵數十世，一生之歲月，恍閱數十年。志氣發舒，才智奮起，境象寬衍，和樂充暢，謂之延年永命，豈爲誣乎？故西國之治，一旦軼三代而上之，非有他術，惜時而時無不給，猶一人併數十人之力耳。《記》曰：「爲之者疾」，惟機器足以當之。夫惜時之效若此，不惜時之害若彼，語曰：「化世之日舒以長，亂世之日促以短」，有具以惜之，與無具以惜之，治亂之大閑，閑于此也。若夫微生滅之倏過乎前，與不生不滅相緯而成世界，因而有時之名，于此而不惜，乾坤或幾乎息矣。今不惟不惜，反從而促之：取士則累其科目，用人則困以年資，任官則拘于輪委，治事則繁爲簿書，關吏則故多留難，鹽綱則抑使輪銷，皆使天下惟恐時之不疾馳以去也。嗟乎，時去則豈惟亡其國，將并其種而亡之！抑豈惟存亡爲然哉？宣尼大智，至七十而從心；善財凡夫，乃一生而證果。然則惜時之義，極之成佛成聖而莫能外。

微生滅烏乎始？曰：是難言也。無明起處，惟佛能知。毛道不定，曷克語此？雖然，吾試言天地萬物之始；洞然窅然，恍兮忽兮，其內無物，亦無內外。知其爲無，則有無矣；知其有無，是亦有矣。俄而有動機焉，譬之于雲，兩兩相遇，陰極陽極，是生兩電，兩有異同，異同攻取，有聲有光，厥名曰「雷」。振微明玄，參伍錯綜，而有有矣。有有之生也，其惟異同攻取乎？其成也，其惟參伍錯綜乎？天地萬物之始，一泡焉耳。泡分萬泡，如鎔金汁，因風旋轉，卒成圓體。日又再分，遂得此土。遇冷而縮，由縮而乾；縮不齊度，凸凹其狀，棗暴果膜，或乃有紋，紋亦有理，如山如河。縮疾乾遲，溢爲洚水；乾更加縮，水始歸墟。沮洳郁蒸，草蕃蟲蜎，璧他利亞，微植微生，螺蛤蛇龜，漸具禽形。禽至猩猿，得人七八。人之聰秀，後亦勝前。恩怨紛結，萬生萬滅㉞，息息生滅，實未嘗生滅。見生滅者，適成唯識。即彼藏識，亦無生滅。佛與眾生，同其不斷。忽被七識所執，轉爲我相。執生意識，所見成相。眼耳鼻舌身，又各有見，一一成相。相實無枉受薰習，此生所造，還入藏識，爲來

㉞ 除《亞東》本、《清議報》本外，各本均作「方生方滅」，誤。

生因。因又成果，顚倒循環，無始淪滔。淪滔不已，乃灼然謂天地萬物矣。天地乎，萬物乎，夫孰知其在內而不在外乎？雖然，亦可反言之曰：心在外而不在內。是何故乎？曰：心之生也，必有緣，必有所緣。緣與所緣，相續不斷。強不令緣，亦必緣空。但有彼此迭代，竟無脫然兩釋。或緣眞，或緣妄，或緣過去，或緣未來；非皆依于眞天地萬物乎？妄天地萬物乎？過去之天地萬物乎？未來之天地萬物乎？世則既名爲外矣，故心亦在外，非在內也。將以眼識爲在內乎？眼識幻而色，故好色之心，非在內也。心棲泊于外，流轉不停，寖至無所棲泊，執爲大苦。偶于色而一駐焉，方以得所棲泊爲樂。其令棲泊偶久者，詫以爲美，亦愈以爲樂。然而既名之棲泊矣，無能終久也。棲泊既厭，又轉而之他。凡好色若子女玉帛，若書畫，若山水，及一切有形，皆未有焉。好其一而念念不息者，以皆非本心也，代之心也。何以知爲代？以心所本無也。推之耳鼻舌身，亦復如是。吾大腦之所在，藏識之所在也。其前有圓窐焉，吾意以爲鏡，天地萬物，畢現影于中焉。繼又以天地萬物爲鏡，吾現影于中焉。兩鏡相涵，互爲容納，光影重重，非內非外。

其謂有始者，乃即此器世間，一日一地球云爾，若乃日、地未生之前，必仍爲日、地，無始也，日、地既滅之後，必仍爲日、地，無終也，以以太固無始終也。以太者，亦《唯識》之相分。謂無以太可也；既託言以太矣，謂以太有始終不可也。然則識亦無終乎？曰：識者，無始也，有終也。業識轉爲智慧，是識之終矣。吾聞□□之講《大學》，《大學》蓋《唯識》之宗也。《唯識》之前五識，無能獨也，必先轉第八識；第八識無能自轉也，必先轉第七識；

第七識無能遽轉也，必先轉第六識；第六識轉而爲妙觀察智，《大學》所謂致知而知至也。佛之所謂知意識轉然後執識可轉，故曰：「欲誠其意者，必先致其知。」致知藉乎格物；致知者，萬事之母[35]。孔曰：「下學而上達也。」朱紫陽補《格致傳》，實用《華嚴》之五教。《華嚴》，小教小學也，非《大學》所用。其四教者，《大學》始教：「必使學者即天下之物，莫不因其已知之理，而益窮之」，始教也；「以求至乎其極」，終教也；「至于用力之久，而一旦豁然貫通焉」，頓教也；「則眾物之表裡精粗無不到，而吾心之全體大用，無不明矣」，圓教也。無論何事，要必自格致始，此之謂妙觀察智。第七識轉而爲平等性智，《大學》所謂誠意而意誠也。佛之所謂執，孔之所謂意。執識轉，然後藏識可轉，故曰：「欲正其心，必先誠其意。」執者，執以爲我也，意之所以不誠，亦以有我也。惟平等然後無我，無我然後無所執而名爲誠。「所謂誠其意者，毋自欺也。」以我欺我也。「如惡惡臭，如好好色。」當其好惡之誠，不知有我也。「小人閒居爲不善，無所不至，見君子而後厭然，揜其不善而著其善。」不惟有我，且有二我也。「人之視己，如見其肺肝然。」灼然見其有我也。欲其無我，必修止觀。「君子必慎其獨」，孔門之止也。曾子「十目所視，十手所指，其嚴乎」，孔門之觀也。十手十目，佛所謂之千手千眼。千之與十，又何別焉？又以見人十能之己千之也。此之謂平等性智。第八識轉而爲大圓鏡智，《大學》所謂正心而心正也。佛

---

[35]《清議報》本、《國民報》本作「格物致知者，萬事之母」。

之所謂藏，孔之所謂心。藏識轉然後前五識不待轉而自轉，故曰：「欲修其身者，必先正其心。」心一有所，即不得其正，亦即有不在焉。藏識所以爲無覆無記。心正者無心，亦無心所，無在而無不在，此之謂大圓鏡智。前五識轉而爲成所作智，《大學》所謂修身而身修也。佛之所謂眼耳鼻舌身，孔皆謂之身。孔告顏以四勿，第就視聽言動言之，其直截了當如是，可知顏之藏識已轉也。藏識轉，始足以爲仁。三月不違，不違大圓鏡智也。曰三月者，孔自計觀顏之時，至于三月之久也。觀之三月之久，不見其違，可信其終不違也。「其餘日月至焉」，第七識之我執猶未斷也。至若前五識皆轉，無所往而非仁，齊家治國平天下不足言也，故壹是皆以修身爲本。此之謂成所作智。夫孔子大聖，所謂初發心時，即成正果，本無功夫次第之可言。若乃現身說法，自述歷歷，亦誠有不可誣者。十五志學也者，亦自意誠入手也；三十而立，意已一而不紛矣，然猶未斷也；四十不惑，意誠轉爲妙觀察智矣；五十知天命，我執斷矣，然猶有天命之見存，法執猶未斷也；六十耳順，法執亦斷，爲平等性智矣；七十從心所欲不踰矩，藏識轉爲大圓鏡智矣。轉識成智，蓋聖凡之所同也。智慧者，孔謂之道心；業識者，孔謂之人心。人心外無道心，即無業識，亦無由轉成智慧。王船山曰：「天理即在人欲之中。」無人欲則天理亦無從發現，最與《大學》之功夫次第合；非如紫陽人欲淨盡之誤于離，姚江滿街聖人之誤于混也。且《大學》又與四法界合也：格物，事法界也；致知，理法界也；誠意正心修身，理事無礙法界也；齊家治國平天下，事事無礙法界也。夫惟好學深思，《六經》未有不與佛經合者也，即未有能外佛經者也。

□□□曰：「三教其猶行星之軌道乎？」佛生最先，孔次之，耶又次之。乃今耶教則既昌明矣，孔教亦將引厥緒焉，而佛教仍晦盲如故。先生之教主，教反後行；後生之教主，教反先行；此何故歟？豈不以軌道有大小，程途有遠近；故運行有久暫，而出現有遲速哉！佛教大矣，孔次大，耶爲小。小者先行，次宜及孔，卒乃（及）佛，此其序矣。□□□曰：「佛其大哉，列天於六道㊱，而層累于其上。孔其大哉，立元以統天。耶自命爲天已耳；小之，其自爲也。」雖然，其差如此，而其變不平等教爲平等則同，三教殆皆源于婆羅門乎？以同一言天，而同受壓于天也。天與人不平等，斯人與人愈不平等。中國自絕地天通，惟天子始得祭天。天子既挾一天以壓制天下，天下遂望天子儼然一天，雖胥天下而殘賊之，猶以爲天之所命，不敢不受。民至此乃愚入膏肓，至不平等矣。孔出而變之：刪《詩》《書》，訂《禮》《樂》，考文字，改制度，而一寓其權于《春秋》。《春秋》惡君之專也，稱天以治之，故天子諸侯，皆得施其褒貶，而自立爲素王。又惡天之專也，稱元以治之，故《易》《春秋》皆以元統天。《春秋》授之公羊，故《公羊傳》多微旨，然旨微猶或弗彰也；至于佛肸、公山之召而欲往，孔子之心見矣。後儒狃于君主暴亂之法，幾疑孔爲從逆，而輟遺經大義而不講，彼烏知君者公位也！莊子曰：「時爲帝」，又曰：「遞相爲君臣國，人人可以居之。」彼君之不善，人人得而戮之，初無所謂叛逆也。叛道者，君主創之以恫喝天下之名。不然，

㊱ 各本作「列天下六道」誤。

彼君主未有不自叛逆來者也。不爲君主，即詈以叛逆；偶爲君主，又諂以帝天。中國人猶自以忠義相誇示，眞不知世間有羞恥事矣！夫佛肸、公山之召而欲往，猶民主之義之僅存者也，此孔之變教也。泰西自摩西造律，所謂十誡者，偏倚于等威名分，言天則私之曰以色列之上帝，而若屏環球于不足道，至不平等矣。耶出而變之；大聲疾呼，使人人皆爲天父之子，使人人皆爲天之一小分，使人人皆有自主之權，破有國有家者之私，而糾合同志以別立天國，此耶之變教也。印度自喀私法之名立，分人爲四等，上等者世爲君卿大夫士，下等者世爲賤庶奴虜，至不平等矣。佛出而變之；世法則曰平等，出世法竟愈出天之上矣，此佛之變教也。三教不同，同于變；變不同，同于平等。

由前之說，佛其至矣；由後之說，孔、佛皆至矣。然而舉不足以定其等級也。何也？凡教主之生也，要皆際其時，因其勢，量眾生之根器，而爲之現身說法。故教主之不同，非教主之有等級也。眾生所見者，教主之化身也，其法身實一矣。今試斷章取義，則《景教流行中國碑》之「強名言兮演三一」，可爲三教之判語。乃夫本三而卒不一[37]，則眾生之爲之，而教主亦會有不幸也。以《公羊傳》三世之說衡之，孔最爲不幸。孔之時，君子之法度，既已甚密而且繁，所謂倫常禮義，一切束縛箝制之名，既已浸漬于人人之心，而猝不可與革，既已爲據亂之世，孔無如之何也。其于微言大義，僅得託諸既（隱）晦之辭，而宛曲虛渺，

---

[37] 各本作「乃夫本一而卒不一」。

以著其旨。其見于雅言，仍不能不牽率于君主之舊，亦止據亂之世之法已耳。據亂之世，君統也，後之學者，不善求其指歸，則辨上下，陳高卑，懍天澤，定名位，袛見其爲獨夫民賊之專資耳矣。耶次不幸。彼其時亦君主橫恣之時也，然而禮儀等差之相去，無若中國之懸絕，有昇平之象焉，故耶得伸其天治之說于昇平之世而爲天統也。然亦（爲）其舊教所囿，無能更出于天之上者也。由今觀之，其稱阿羅訶天主，則《成唯識論》執一大自在，天之法執也；稱靈魂永生，又近外道之神教也。惟佛獨幸，其國土本無所稱歷代神聖之主，及摩西、約翰、之屬㊳，琢其天眞，漓其本樸，而佛又自爲世外出家之人，于世間無所避就，故得畢伸其大同之說于太平之世而爲元統也。夫大同之治，不獨父其父，不獨子其子；父子平等㊴，更何有于君臣？舉凡獨夫民賊所爲一相箝制束縛之名，皆無得而加諸，而佛遂以獨高于群教之上。時然也，勢不得不然也，要非可以揣測教主之法身也。教主之法身，一而已矣。□□□曰：「三教教主一也，共（吾）拜其一，則皆拜之矣。」斯言也，吾取之。

孔之不幸，又不寧惟是。孔雖當據亂之世，而黜古學，改今制，託詞寄義于昇平太平，未嘗不三致意焉。今第觀其據亂之雅言，既不足以盡孔教矣，況其學數傳而絕，乃并至粗極淺者，亦爲荀學攙雜，而變本加厲，胥失其眞乎。孔學衍爲兩大支：一爲曾子傳子思而至孟

㊳ 各本作「及摩西、約翰、禹、湯、文、武、周公之屬」。

㊴ 除《亞東》本外，其餘各本均作「父子且無」，似以「且無」爲是。

子，孟故暢宣民主之理，以竟孔之志；一由子夏傳田子方而至莊子，莊故痛詆君主，自堯、舜以上，莫或免焉。不幸此兩支皆絕不傳，荀乃乘間冒孔之名，以敗孔之道。曰：「法後王，尊君統。」以傾孔學也。曰：「有治人，無治法。」陰防後人之變其法也。又喜言禮樂政刑之屬，惟恐箝制束縛之具之不至繁也。一傳而爲李斯，而其爲禍亦暴著于世矣。然而其爲學也，在下者術之，又疾遂其苟富貴取容悅之心，公然爲卑諂側媚奴顏婢膝而無傷于臣節，反以其助紂爲虐者名之曰「忠義」；在上者術之，尤利取以尊君卑臣愚黔首，自放縱橫暴而塗錮天下之人心。故秦亡而漢高帝術之于上：「從吾游者吾能尊顯之」，君主之潛施其餌也。叔孫通術之于下：「今而後知皇帝之貴」，綿蕞之導君于惡也。漢衰而王莽術之于上，竟以經學行篡弒矣；劉歆術之于下，又竄易古經以煽之焉。新蹶而漢光武術之于上：「吾以柔道治天下」，蓋漸令其馴擾，而已得長踞之焉。桓榮術之于下：「車服，稽古之力也」，挾《尚書》以爲稗販，無所用恥焉。如是者四百年，安得不召三國虎爭，五胡湯沸，南北分割之亂哉？至唐一小康矣，而太宗術之于上：「天下英雄，皆入吾彀中矣」，此其猜忌爲何如耶？韓愈術之于下：「君者出令者也，臣者行君之令而致之民者也，民者出粟米麻絲作器皿通貨財以事其上者也」，竟不達何所爲而立君，顯背民貴君輕之理而諂一人，以犬馬土芥乎天下。至于「臣罪當誅，天王聖明」，乃敢倡邪說以誣往聖，逞一時之諛悅而壞萬世之心術，罪尤不可逭矣。至宋又一小康，而太宗術之于上，修《太平御覽》之書，以消磨當世之豪傑；孫復術之于下，造「春秋尊王發微」，以割絕上下之分，嚴立中外之防，慘鷙刻覈，盡窒生民之靈思，使不可復動，遂開兩宋南北諸大儒之學派，而諸大儒亦卒莫能脫此牢籠，且彌酷而加厲焉。嗚呼，自生民以來，迄宋而中國乃眞亡矣！天乎，人乎？獨不可以深思而得其故乎？至明而益不堪問，等諸自鄶以下可也，慮皆轉相授受㊵，自成統緒，無能稍出宋儒之胯下，而一覩孔教之大者。其在上者，亦莫不極崇宋儒，號爲洙泗之正傳，意豈不曰宋儒有私德大利于己乎？悲夫悲夫！民生之厄，寧有已時耶！故常以爲二千年來之政，秦政也，皆大盜也；二千年來之學，荀學也，皆鄉愿也。惟大盜利用鄉愿；惟鄉愿工媚大盜。二者相交相資，而罔不託之于孔。被託者之大盜鄉愿，而責所託之孔，又烏能知孔哉！

方孔之初立教也，黜古學，改今制，廢君統，倡民主，變不平等爲平等，亦汲汲然勤矣。豈謂爲荀學者，乃盡亡其精意，而泥其粗跡，反授君主以莫大無限之權，使得挾持一孔教以制天下！彼爲荀學者，必以倫常二字，誣爲孔教之精詣，不悟其爲據亂之法也。且即以據亂之世而論，有（言）倫常而不臨之以天，已爲偏而不全，其積重之弊，將不可計矣；況又妄益之以三綱，明創不平等之法，軒輊鑿枘，以苦父天母地之人。無惑乎西人輒詆中國君權太重，父權太重，而亟勸其稱天以挽救之，至目孔教爲偏畸不行之教也。由是二千年來君臣一倫，尤爲黑暗否塞，無復人理，沿及今茲㊶，方愈劇矣。夫彼君主猶是耳目手足，非有兩頭

㊵ 除《亞東》本外，各本均作「類皆轉相授受」。

㊶ 「今茲」，《亞東》本作「□□」，今據各本補出。

四目，而智力出于人也，亦果何所恃以虐四萬萬之眾哉㊷？則賴乎早有三綱五倫字樣，能制人之心㊸，如莊所謂「竊鈎者誅，竊國者侯」，田成子竊齊國，舉仁義禮智之法而并竊之也。竊之而同爲中國之人，同爲亂教之人，不可有而猶可有也㊹；奈何使素不知中國，素不識孔教之奇渥溫、愛新覺羅諸賤類異種㊺，亦得憑陵乎蠻野凶殺之性氣以竊中國！及既竊之，即以所從竊之法還制其主人，亦得從容靦顏，挾持所素不識之孔教以壓制所素所知之中國矣㊻，而中國猶奉之如天，而不知其罪！焚詩書以愚黔首，不如即以詩書愚黔首，嬴政猶鈍漢矣乎㊼！彼爲荀學而授君主以權，而愚黔首于死，雖萬被戮，豈能贖其賣孔之罪哉㊽？孔爲所賣，在天之靈，宜如何太息痛恨，凡爲孔徒者，又宜如何太息痛恨，而愁不一掃蕩廓清之耶！且耶教之初，亦猶是也，其立天國，即予人以自主之權，變去諸不平等者以歸于平等，猶孔之

㊷「四萬萬」，《亞東》本作「□□□」，今據各本補出。

㊸除《亞東》本外，各本作「能制人之身者，能制人之心」。

㊹除《亞東》本外，各本作「同爲孔教之人，不可言而猶可言也。」誤。

㊺「奇渥溫、愛新覺羅」，《亞東》本刊落，《清議報》本作「□□□□□□□」；《國民報》本作「奇渥溫愛新覺羅」，鉛字排印本作「奇渥溫愛親覺羅」，今據《國民報》本補出。

㊻除《亞東》本外，各本作「挾持所素不識之孔教以壓制所素不知之中國矣」。

㊼「鈍漢」，《亞東》本作「□□」，今據各本補出。

㊽「賣孔」，《亞東》本作「賣□」，今據各本補出。

稱天而治也。教未及行，不意羅馬教皇者出，即藉耶之說，而私天于己，以制其人。雖國王之尊，任其廢立，至舐手吮足以媚之；因教而興兵者數百，戰死數千百萬人；猶孔以後君主之禍也。迄路德之黨盛，而教皇始蹶，人始覩耶教之眞矣。故耶教之亡，教皇亡之也；其復之也，路德之力也。孔教之亡，君主及言君統之僞學亡之也；復之者尚無其人也，吾甚祝孔教之有路德也。㊾

㊾《亞東》本不分卷，緊接下文。按譚氏《自叙》，應分二卷，今據各本，於此分卷。

仁學二

君統盛而唐虞後無可觀之政矣，孔教亡而三代下無可讀之書矣！乃若區玉檢于塵編，拾火齊于瓦礫，以冀萬一有當于孔教者，則黃梨洲《明夷待訪錄》，其庶幾乎！其次，爲王船山之《遺書》，皆于君民之際，有隱恫焉❶。黃出于陸、王，陸、王將蒙莊之彷彿。王出于周、張，周、張亦綴鄒嶧之墜遺緒❷。輒有一二聞于孔之徒，非偶然也。若夫與黃、王齊稱，而名實相反、得失背馳者，則爲顧炎武。顧出于程、朱，程、朱則荀學之云礽也；君統而已，豈足罵哉！夫君統有何幽邃之義，而可深耽熟玩，至變易降衷之恆性，變易隆古之學術，至殺其身家、殺其種類，以宛轉攀戀于數千年之久，而不思脫其軛耶？嗚呼！盍亦反其本矣。生民之初，本無所謂君臣，則皆民也。民不能相治，亦不暇治，于是共舉一民爲君。夫曰共舉之，則非君擇民，而民擇君也。夫曰共舉之，則其分際又非甚遠于民，而不下儕于民也。夫曰共舉之，則因有民而後有君；君末也，民本也。天下無有因末而累及本者，亦豈可因君

---

❶「隱恫」，《亞東》本作「□恫」，今據各本補出。

❷除《亞東》本外，各本作「周、張亦綴孟之墜遺」。

而累及民哉？夫曰共舉之，且必可共廢之君❸。君也者，爲民辦事者也；臣也者，助辦民事者也。賦稅之取于民，所以爲辦民事之資也。如此而事猶不辦，事不辦而易其人，亦天下之通義也。觀夫鄉社賽會，必擇舉一長，使治會事，用人理財之權咸隸焉。長不足以長則易之，雖愚夫愿農，猶知其然矣；何獨于君而不然？豈謂舉之戴之，乃以竭天下之身命膏血，供其盤樂怠傲，驕奢而淫殺乎？供一身之不足，又濫縱其百官，又欲傳之世世萬代子孫，一切酷毒不可思議之法，由此其繁興矣。民之俯首帖耳，恬然坐受其鼎鑊刀鋸，不以爲怪，固已大可怪矣，而君之亡猶欲爲之死節❹！故夫死節之說，未有如是之大悖者矣。君亦一民也，且較之尋常之民而更爲末也。民之于民，無相爲死之理；本之與末，尤無相爲死之理。然則古之死節者，乃皆不然乎？請爲一大占（言）斷之曰：止有死事的道理，決無死君的道理！死君者，宦官宮妾之爲愛，匹夫匹婦之爲諒也。人之甘爲宦官宮妾，而未免于匹夫匹婦，又何誅焉？夫曰共舉之，猶得曰吾死吾所共舉，非死君也；獨何以解于後世之君，皆以兵強馬大力征經營而奪取之，本非自然共戴者乎！況又有滿、漢種類之見，收役天下者乎❺！夫彼收役天下者，固甚樂民之爲其死節矣。

❸ 除《亞東》本外，各本作「夫曰共舉之，則且必可共廢之」。

❹ 除《亞東》本外，《全編》本作「猶願爲之死節」；《國民報》本、鉛字排印本并作「猶顧爲之死節」。

❺ 「滿漢種族」，《亞東》本、《清議報》本并作「□□□□」，今據《國民報》本補出。「收役」，除《亞東》本外，各本作「奴役」，下同。

一姓之興亡，渺渺乎小哉，民何與焉？乃爲死節者，或數萬而未已也。本末倒置，寧有加于此者？伯夷、叔齊之死，非死紂也，固自言以暴易暴矣，則亦不忍復覩君主之禍，遂一瞑而萬世不視耳。且夫彼之爲前主死也，固後主之所心惡也❻，而事甫定，則又禱之祠之，俎豆之，尸祝之，豈不亦欲後之人之爲我死，猶古之娶妻者，取其爲我詈人也。若夫山林幽貞之士，固猶在室之處女也，而必脅之出仕，不出仕則誅；是挾兵刃摟處女而亂之也。既亂之，又詬其不貞，暴其失節，至爲貳臣傳以辱之；是豈惟辱其人哉，又陰以嚇天下後世，使不敢背去。以不貞而失節于人也，淫凶無賴子之于娼妓，則有然矣。始則強姦之，繼又防其姦于人也，而幽錮之，終知姦之不勝防，則標著其不當從己之罪，以威其餘。夫在弱女子，亦誠無如（之）何，而不能不任其所爲耳；奈何幾億兆智勇材力之人❼，彼乃娼妓畜之，不第不敢微不平于心，益且詡詡然曰「忠臣忠臣」，古之所謂忠乃爾愚乎？古之所謂忠，以實之謂忠也。下之事上當以實，上之待下乃不當以實乎？則忠（者）共辭也，交盡之道也，豈又專責之臣下乎？孔子曰：「君君臣臣。」又曰：「父父子子，兄兄弟弟，夫夫婦婦。」教主未有不平等者。古之所謂忠，忠心之謂忠也。撫我則后，虐我則讎，應物平旋（施），心無偏袒，可謂中矣，亦可謂忠矣。君爲獨夫民賊，而猶以忠事之，是輔桀也，是助紂也。其

❻ 除《亞東》本外，各本作「固後主之所深惡也」。

❼ 「幾億兆」，除《亞東》本外，各本作「四萬萬」。

心中乎不中乎？嗚呼，三代以下之忠臣，其不爲輔桀助紂者幾希！況又爲之掊克聚斂，竭澤而漁，自命爲理財，爲報國，如今之言節流者，至分爲國與爲民二事乎？國與民已分爲二，吾不知除民之外，國果何有？無惑乎君主視天下爲其囊橐中（之）私產，而犬馬土芥乎天下之民也。民既擯斥于國外，又安得少有愛國之忱？何也？于我無與也。繼自今，即微吾說，吾知其必無死節者矣。

天下爲君主囊橐中之私產，不始今日，固數千年以來矣。然而有如遼、金、元之罪浮于前此之君主（者）乎？其土則穢壤也，其人則羶種也，其心則禽心也，其俗則毳俗也；一旦逞其凶殘淫殺之威，以攫取中原之子女玉帛，礪猰貐之巨齒，效盜跖之肝（奸）人，馬足蹴中原，中原墟矣，鋒刃擬華人，華人靡矣，乃猶以爲未饜！峻死灰復燃之防，爲盜憎主人之計，錮其耳目，桎其手足，壓制其心思，絕其利源，窘其生計，塞蔽其智術；繁拜跪之儀，以挫其氣節，而士大夫之才窘矣；立著書之禁，以緘其口說，而文字之禍烈矣；且即挾此士所崇之孔教，緣飾皮傳❽，以愚其人，而爲藏身之固！悲夫悲夫！王道聖教典章文物之亡也，此而已矣！與彼愈相近者，受禍亦愈烈。故夫江淮大河以北，古所稱天府膏腴，入相出將，衣冠耆獻之藪澤，詩書藻翰之津塗也，而今北五省何如哉！夫古之暴君，以天下爲其私產止矣；彼起于游牧部落，直以中國爲其牧場耳，苟見水草肥美，將盡驅其禽畜，橫來吞噬。所

---

❽ 除《亞東》本外，各本作「爲緣飾史傳」。

謂駐防，所謂名糧，所謂釐捐❾，及一切誅求之無厭，刑獄之酷濫，其明驗矣。且其授官也，明明托人以事，而轉使之謝恩，又薄其祿入焉。何謝乎？豈非默使其剝蝕小民以爲利乎？雖然，成吉思之亂也，西國猶能言之，忽必烈之虐也，鄭所南《心史》紀之；有茹痛數百年不敢言不敢紀者，不愈益悲乎！《明季稗史》中之《揚州十日記》、《嘉定屠城紀略》❿，不過略舉一二事，當時既縱焚掠之軍，又嚴薙髮之令，所至屠殺，莫不如是⓫。去彼準部，方數千里⓬，一大種族也，遂無復乾隆以前之舊籍⓭，其殘暴爲何如矣。亦有號爲令主者焉，及觀《南巡錄》⓮所載淫擄無賴，與隋煬、明武不少異，不徒鳥獸行者之顯著《大義覺迷錄》⓯也。台灣者⓰，東海之孤島，于中原非有害也。鄭氏據之，亦足存前明之空號⓱，乃無故貪其土地，攘爲己有。攘爲己有，猶之可也，乃既竭其二百餘年之民力，一旦苟以自捄，則舉

---

❾「駐防」、「名糧」、「釐捐」，《亞東》本並作「□□」，今據各本補出。

❿《明季稗史》、《揚州十日記》、《嘉定屠城紀略》，《亞東》本並作「□」號，今據各本補出。

⓫「薙髮」，《亞東》本作「□□」，今據各本補出；又各本下句作「所至屠殺虜掠，莫不如是。」

⓬「準部」，《亞東》本作「□□」，今據各本補出。又「去彼」，各本作「即彼」。

⓭「乾隆」，《亞東》本作「□□」，今據各本補出。

⓮「南巡錄」，《亞東》本作「□□□」，今據各本補出。

⓯「大義覺迷錄」，《亞東》本作「大義□□□」，今據各本補出。

⓰「台灣」，《亞東》本作「□□」，今據各本補出，下同。

⓱「鄭氏」、「前明」，《亞東》本作「□氏」、「前□」，今據各本補出。

而贈之于人。其視華人之身家⑱，曾弄具之不若。噫！以若所為，台灣固無傷耳，尚有十八省之華人⑲，宛轉于刀碪之下，瑟縮于販賈之手，方命之曰：此食毛踐土者之分然也。夫果誰食誰之毛？誰踐誰之土？久假不歸，烏知非有。人縱不言，己寧不愧于心乎？吾願華人勿復夢夢謬引以為同數（類）也。夫自西人視之，則早歧而為二矣，故俄報有云：「華人苦到盡頭處者，不下數兆，我當滅其朝而救其民。」凡歐、美諸國，無不為是言，皆將藉仗義之美名，陰以漁獵其資產。華人不自為之，其禍可勝言哉？

法人之改民主也，其言曰：「誓殺盡天下君主，使流血滿地球，以洩萬民之恨。」朝鮮人亦有言曰：「地球上不論何國，但讀宋、明腐儒之書，而自命為禮義之邦者，即是人間地獄。」夫法人之學問，冠絕地球，故能唱民主之義，未為奇也。朝鮮乃地球上最愚闇之國，而亦為是言，豈非君主之禍，至於無可復加，非生人所能任受耶？夫其禍為前朝所有之禍，則前代之人，既已順受，今之人或可不較；其知外患深矣⑳，海軍燔矣，要害扼矣，堂奧入矣，利權奪矣，財源竭矣，分割兆矣，民倒懸矣，國與教與種將偕亡矣。唯變法可以救之，而卒堅持不變！豈不以方將愚民，變法則民智；方將貧民，變法則民富；方將弱民，變法則

---

⑱「華人」，《亞東》本作「□人」，今據各本補出，下同。

⑲「十八省之華人」，《亞東》本作「□□□□□□」，今據各本補出。

⑳「今之人」，《亞東》本作「□之人」，今據各本補出；「其知外患深矣」，各本作「無如外患深矣」。

民強；方將死民，變法則民生；方將私其智其富其強其生于一己，而以愚貧弱死歸諸民，變法則與己爭智爭富爭強爭生，故堅持不變也。究之智與富與強與生，決非獨夫之所任爲。彼豈不知之？則又以華人彼（比）牧場之水草，寧與之同爲齏粉，而貽其利于人，終不令我所咀嚼者，還抗乎我。此非深刻之言也。試徵之數百年之行事，與近今政治及交涉，若禁強學會，若訂俄國密約㉑，皆毅然行之不疑，其跡已若雪中之飛鴻，泥中之鬥獸，較然不可以掩。況東事㉒亟時，決不肯假民以自爲戰守之權，且曰：「寧爲懷、愍、徽、欽，而決不令漢人㉓得志。」固明（宣）之語言，華人寧不聞而知之耶？乃猶道路以目，相顧而莫敢先發，曰畏禍也。彼其文字之冤獄，凡數十起，死數千百人；違礙干禁書目，凡數千百種，并前數代若宋、明㉔之書，亦在禁列。文網可謂至密矣，而今則莫敢誰何。故天命去則虐焰自衰，無可畏也。《詩》曰：「上帝臨汝，無貳爾心。」武王、周公之呼吸，眞（直）通帝座矣。《易》明言：「湯、武革命，順乎天而應乎人。」而蘇軾猶曰：「孔子不稱湯、武」，眞誣說（也）。至於謂（湯）武未盡善者，自指家天下者言之，非謂其不當誅獨夫也。以時考之，華人固可以奮矣。且舉一事，而必其事之有大利，非能利其事者也。故華人愼毋言華盛頓、拿破崙矣，

㉑「強學會」、「俄國密約」，《亞東》本作「□□□」、「□國密約」，今據各本補出。

㉒「東事」，《亞東》本作「□事」，今據各本補出。

㉓「漢人」，《亞東》本作「□人」，今據各本補出。

㉔「宋、明」，《亞東》本作「□、□」，今據各本補出。

志士仁人求爲陳涉、楊玄感，以供聖人之驅除，死無憾焉。若其機無可乘，則莫若爲任俠，亦足以伸民氣，倡勇敢之風，是亦撥亂之具也。西漢民情易上達，而守令莫敢肆，匈奴數犯邊，而終驅之于漠北，內和外威，號稱一治。彼吏士之顧忌者誰歟？未必非游俠之力也。與中國最近而亟當效法者，莫如日本。其變法自強之效，亦由其俗好帶劍行游，悲歌叱咤，挾其殺人報仇之氣概，出而鼓更化之機也。儒者輕詆游俠，比之匪人，烏知困于君權之世，非此益無以自振拔，民乃益愚弱而窳敗！言治者不可不察也。

幸而中國之兵不強也，向使海軍如英、法，陸軍如俄、德，恃以逞其殘賊，豈直君主之禍愈不可思議，而（彼）白人焉，紅人焉，黑人焉，棕色人焉，將爲准噶爾，尚有噍類焉得乎？故東西各國之壓制中國，天實使之所以曲用其仁愛至于極致也。中國不知感，乃欲以挾忿尋仇爲務，多見其不量，而自窒其生矣。又令如策者之意見，竟驅彼于海外，絕不往來。前此本未嘗相通，仍守中國之舊政。伈伈俔俔，如大盜鄉愿吞剝愚弄，綿延長夜，豐蔀萬劫，不聞一新理，不覩一新法，則二千年由三代之文化降而今日之土番野蠻者，再二千年，將由今日之土番野蠻降而猿狖，而犬豕，而蛙蚌，而生理殄絕，惟餘荒荒大陸，若未始生人生物之沙漠而已。夫焉得不感天之仁愛，陰使中外和會，救黃人將亡之種以脫獨夫民賊㉕之鞅軛

㉕「獨夫民賊」，《亞東》本作「□□□□」，今據各本補出。

乎？遠者吾弗具論，湘軍㉖之平定東南，此宛宛猶在耳目者矣。洪楊㉗之徒，見苦于君官，挺而走險，其情良足憫焉。在西國刑律，非無死刑，獨于謀反，雖其已成，亦僅輕繫數月而已。非故縱之也，彼其律意若曰：謀反公罪也，非一人數人所能為也。事不出于一人數人，故名公罪。公罪則必有不得已之故，不可任國君以其私而重刑之也。且民而謀反，其政法之不善可知，為之君者，尤當自反。藉曰重刑之，則請自君始。此其為罪，直公之上下耳。奈何湘軍乃戮民為義耶？雖洪楊所至，頗縱殺，然于既據之城邑，亦未嘗盡戮之也。乃一經湘軍之所謂克復。借搜緝捕匪為名，無良莠皆膏之于鋒刃，乘勢淫擄焚掠，無所不至。捲東南數省之精髓，悉數入于湘軍，或至逾三四十年無能休復元氣，若金陵其尤凋慘者矣。中興諸公，正孟子所謂「服上刑者」，乃不以為罪，反以為功，湘人既挾以自驕，各省遂爭慕之，以為可長恃以無敗。苟非牛莊一潰，中國之昏夢，將終天地無少蘇。夫西字之入中國㉘，前此三百年矣，三百年不駭詫以為奇，獨湘軍既興，天地始從而痛絕之；故湘人守舊不化，中外仇視，交涉愈益棘手，動召奇禍。又法令久不變，至今為梗，亦湘軍之由也。善夫《東方商埠述要》之言曰：「英人助中國蕩平洪楊，而有識之士，僉謂當日不若縱其大亂，或有人

㉖ 「湘軍」，《亞東》本作「□軍」，今據各本補出，下同。
㉗ 「洪楊」，《亞東》本作「□□」，今據各本補出，下同。
㉘ 除《亞東》本外，各本作「夫西人之入中國」。

出而整頓政紀，中國猶可煥然一新，不至如今日之因循不振。蓋我西國維新之政，無不從民變而起」云云。是則湘軍助紂爲虐㉙之罪，英人且分任之矣。奈何今之政治家，猶囂然侈言兵事，豈其膚革堅厚，乃踰二尺之鋼甲㉚，雖日本以全力創之，曾不少覺辛痛耶？若夫日本之勝，則以善倣效西國仁義之師，恪遵公法，與君爲仇，非與民爲敵，故無取乎多殺。敵軍被傷者，爲紅十字會以醫之；其被虜者，待和議成而歸之。遼東大饑，中國不之恤，而彼反糜巨金汎粟以賑之。且也摧敗中國之軍，從不窮追，追亦不過鳴空礮懾之而已。是尤有精義焉：蓋追奔逐北，能斃敵十之五六，爲至眾矣，而其未死者，必鑒于奔敗之不免于死，再遇戰事，將憤而苦鬥以求生；是敗卒皆化爲精兵，不啻代敵操練矣。惟敗之而不殺，偵知走與禽，皆求生之道；由是戰者知不戰不死，戰必不勇，守者知不守不死，守必不堅，民知非與己爲敵，必無固志，且日希彼之惠澤。當日本去遼東時，民皆號泣從之，其明徵也。嗟乎！仁義之師，所以無敵于天下者，夫何恃？恃我之不殺而已矣。《易》曰：「神武不殺。」不殺即其所以神武也。佳兵不祥，盍圖之哉！

中國之兵，固不足以禦外侮，而自屠割其民則有餘。自屠割其民，而方受大爵，膺大賞，享大名，瞷然驕居，自以爲大功者，此吾所以至恥惡湘軍不須臾忘也。雖然，彼爲兵者，亦

㉙「助紂爲虐」，《亞東》本作「助□爲□」，今據各本補出。

㉚除《亞東》本外，各本作「乃踰三尺之鋼甲」。

可謂大愚矣。月得餉銀三兩餘，營官又從而減蝕之，所餘無幾，內不足以贍其室家，外僅足以殖其生命；而且飢疲勞辱，無所不至，寒凝北征，往（往）凍斃于道，莫或收恤。其無所賴于爲兵如此也，然而一遇寇警，則驅使就死。養之如彼其薄，責之如此其厚，自非喪心病狂，生而大愚者，孰能任爲兵矣㉛？迨聞牛莊一役，一戰而潰，爲之奇喜，以爲吾民之智，此其猛進乎！至于所謂制兵，養雖愈薄，然本不足以備戰守，又不足論。且其召募，皆集于臨事，非素教之也。敵既壓境，始起而奪其農民之耒耜，強易以未嘗聞之後膛槍礮，使執以禦敵，不聚殲其兵而饋械于敵，夫將焉往？及其死綏也，則委之而去，視爲罪所應得。旌恤之典，盡屬虛文。妻子哀望，莫之過問。即或幸而不死，且嘗立功矣，而兵難稍解，遽遣歸農，扶傷裹創，生計乏絕。或散于數千里外，欲歸不得，淪爲乞丐，而殺游勇之令，又特嚴酷。吾初以爲游勇者，必其兵勇之逃亡爲盜賊者，然不得爲盜賊之證也。既乃知不然，即其遣散不得歸者也。今制獲游民，先問其曾充營勇否，曾充營勇，即就地正法，而報上官曰：「殺游勇若干人。」上官即遽以爲功。所謂游勇者而已矣。嗚呼，吾今乃知曾充營勇爲入于死罪之名！上既召之，乃即以應召者爲入于死罪之名，是上以死罪召之也。設陷阱以誘民，從而掩之殺之，以遇禽獸，或尚不忍矣，奈何虐吾華民，果決乃爾乎！殺游勇之不足，又濟之以殺「會匪」。原「會匪」之興，亦兵勇互相聯結，互相扶助，以同患難耳，此上所當嘉

㉛ 除《亞東》本外，各本作「孰肯願爲兵矣」。

予贊歎者。且會也者，在生人之公理不可無也，今則不許其公。不許其公，則必出于私，亦公理也㉜。遂乃横被以匪之名，株連搜殺，死者歲輒以萬計。往年梅生㉝、李洪同謀反之案，梅生照西律監禁七月，期滿仍逍遙海上，而中國長江一帶，則血流殆遍。徒自虐民，不平孰甚！況官吏貪于高擢，賤勇涎于厚賞，于是誣陷良民，枉殺不辜，蔑所不有矣。凡此皆所謂穽也。彼其治天下也，于差役亦斯類也。既召而役使之矣，復賤辱之，蹴踏（之），三代不得爲良民，著有（于）令甲。且又不唯兵與役之爲穽也，其所以待官待士待農待工待商者，繁其條例，降其等差，多爲之網罟，故侵其利權，使其前跋後躓，牽制百狀，力倦筋疲，末由自振，卒老死于奔走艱蹇，而生人之氣，索然俱盡。然後彼君主㉞者，始坦然高枕曰：「莫予毒也已。」此其穽天下之故，莊所謂「游于羿之彀中」。中央者地也，然而不中者命也，今也不中者誰歟？君主㉟之禍，所以烈矣。

君臣之禍亟，而父子夫婦之倫遂各以名勢相制爲當然矣。此皆三綱之名之爲害也。名之所在，不惟關其口，使不敢昌言，乃并錮其心，使不敢涉想。愚黔首之術，故莫以繁其名爲尚焉。君臣之名，或尚以人合而破之。至于父子之名，則眞以爲天之所合，卷舌而不敢議。

㉜《亞東》本誤作「上則不許公，不許其必出於私，亦公理也。」疑刊誤，今據各本。。

㉝「梅生」，《亞東》本作「按生」，下同。

㉞「君主」，《亞東》本作「□□」，今據各本補出。

㉟同上註。

不知天合者，泥于體魄之言也，不見靈魂者也。子爲天之子，父亦爲天之子，父非人所得而襲取也，平等也。且天又以元統之，爾亦非所得而陵壓也，平等也。㊱莊曰：「相忘爲上，孝爲次焉。」相忘則平等矣。詹詹小儒，烏足以語此哉？雖然，又非謂相忘者遂不有孝也。法尚廢（當）舍，何況非法；孝且不可，何況不孝哉？夫彼之言天合者，于父子固有體魄之可據矣，若夫姑之于婦，顯爲體魄之說所不得行，抑何相待之暴也？古者舅姑饗婦，行一獻禮，送爵荐脯，直用主賓相酬酢者處之。誠以付托之重，莫敢不敬也。今則虜役之而已矣，鞭笞之而已矣。至計無復之，輒自引決。村女里婦，見戕于姑惡，何可勝道？父母兄弟，茹終身之痛，無術以援之，而卒不聞有人焉攘臂而出，頌（昌）言以正其義。又況後母之于（前）子，庶妾之于嫡子，主人之于奴婢，其于體魄皆無關，而黑暗或有過此者乎！三綱之懾人，足以破其膽，而殺其靈魂，有如此矣。《記》曰：「婚姻之禮廢，夫婦之道若（苦）。」本非兩情相願，而強合渺不相關之人，縶之終身，以爲夫婦，夫果何恃以伸（其）偏權而相若（苦）哉？實亦三綱之說苦之也。夫既自命爲綱，則所以遇其婦者，將不以人類（齒）。于古有下堂求去者，尙不失自主之權也。自秦垂暴法，于會稽刻石，宋儒煬之，妄爲「餓死事小，失節事大」之瞽說，直于室家施申韓，閨闥爲岸獄：是何不幸而爲婦人，乃爲人申韓之，

㊱ 除《亞東》本外，各本作「子爲天之子，父亦爲天之子，父非人所得而襲取也，平等也，且天又以元統之，人亦非天所得而陵壓，平等。」。

岸獄之！此在常人，或猶有所忌而不能肆；彼君主者，獨兼三綱而據其上㊲，父子夫婦之間，視爲錐刃地耳。書史所記，更僕難終。今制伯叔父若從祖祖父，雖朝夕燕見，不能無拜跪，甚至於本生父母，臣之妾之，而無答禮。中國動以倫常自矜異，而疾視外人；而爲之君者㊳，乃眞無復倫常，天下轉相習不知怪，獨何歟？尤可憤者，己則瀆亂夫婦之倫，妃御㊴多至不可計，而偏喜絕人之夫婦，如所謂割勢之閹寺與幽閉之宮人，其殘暴無人理，雖禽獸不逮焉。而工于獻媚者，又曲爲廣嗣續之說，以文其惡。然則閹寺宮人之嗣續，固當殄絕之耶？且廣嗣續之說，施于常人，且猶不可矣；中國百務不講，無以養，無以教，獨于嗣續，自長老以至弱幼，自都邑以至村僻，莫不視爲絕重大之事，急急以圖之，何其惑也？徒泥于體魄，而不知有靈魂，其愚而惑，勢必至此。向使伊古以來，人人皆有嗣續，地球上早無容人之地矣，而何以爲存耶？又況天下者，天下之天下，徒廣獨夫民賊㊵之嗣續，復奚爲也？獨夫民賊，固甚樂三綱之名，一切刑律制度皆依此爲率，取便己故也。

五倫中于人生最無弊而有益，無纖毫之苦，有淡水之樂，其惟朋友乎！顧擇交何如耳，所以者何？一曰「平等」；二曰「有（自）由」；三曰「節宣惟意」。總括其義，曰不失自

㊲「彼君主者」至此，除「彼」字外，《亞東》本均以「□」號表之，今據各本補出。
㊳「君」，《亞東》本作「□」，今據各本補出。
㊴「妃御」，《亞東》本作「□□」，今據各本補出。
㊵「獨夫民賊」，《亞東》本作「□□□□」，今據各本補出。

主之權而已矣。兄弟于朋友之道差近，可為其次。餘皆為三綱所蒙蔽，如地獄矣。上觀天文，下察地理，遠觀諸物，近取之身，能自主者興，不能者敗。公理昭然，罔不率此。倫有五，而全具自主之權（者）一，夫安得不矜悉（重）之乎！且夫朋友者，固統世出世所不得廢也。自孔、耶以來，先儒牧師所以為教，所以為學㊶，莫不倡學會，聯大群，動輒合數千萬人以為朋友。蓋匪是即不有教，不有學，亦即不有國，不有人。凡吾所謂仁，要不能不恃乎此。為孔者知之，故背其井里，捐棄其君臣父子夫婦兄弟之倫，而從孔游。其或干祿為宰，離群索居，孔必斥之，甚至罪為賊夫人之子，而稱吾與點也以誘之；及至終不留，睽迸四出，猶咨歎曰：「從我于陳、蔡者，皆不及門也。」其惋惜也如此㊷。為耶者知之，故背其井里，捐棄其君臣父子夫婦兄弟之倫，而從耶游。甚至稅吏漁師，皆舍其素業，而同歸于天國。（雖）親死歸葬，耶猶不許（曰）：「聽其死人葬死人。」其固結也又如此。然此猶世法也。若夫釋迦文佛，誠（超）出矣，君臣父子夫婦兄弟之倫，皆空諸所有，棄之如無，而獨于朋友，則出定入定，無須臾離。說法必與幾萬幾千人俱，必有十方諸佛諸菩薩來會，而己亦不離獅子座，現身一切處，偏往無酬無邊恆河沙數世界與諸佛諸菩薩會，往來酬答，為無休息。甚至如《華嚴經》所說：「雖暫住胎中，而往來聚會說法如故。」此其于朋友何如矣。世俗泥

㊶「所以為教」句，除《亞東》本外，各本落。

㊷除《亞東》本外，各本作「其晚而惋惜也如此」。

于體魄，妄生分別，爲親疏遠近之名，而末視朋友。夫朋（友）豈眞貴于餘四倫而已，將爲四倫之圭臬。而四倫咸以朋友之道貫之，是四倫可廢也。此非讕言也。其在孔教，臣哉鄰哉，與國人交，君臣朋友也；不獨父其父，不獨子其子，父子朋友也；夫婦者，嗣爲兄弟，可合可離，故孔氏不諱出妻，夫婦朋友也；至兄弟之爲友于，更無論矣。其在耶教，明標其旨曰：「視敵如友。」故民主者，天國之義也，君臣朋友也；父子異宮異財，父子朋友也；夫婦擇偶判妻，皆由兩情自願，而成婚于教堂，夫婦朋友也；至于兄弟，更無論矣。其在佛教，則盡率其君若臣與夫父母妻子兄弟眷屬天親，一一出家受戒，會于法會，是又普化彼四倫者，同爲朋友矣。無所謂國，若一國；無所謂家，若一家；無所謂身，若一身。夫惟朋友之倫獨尊，然後彼四倫不廢自廢。亦惟明四倫之當廢，然後朋友之權力始大。今中外皆侈談變法，而五倫不變，則舉凡至理要道，悉無從起點，又況于三綱哉！

西人憫中國之愚于三綱也，亟勸中國稱天而治：以天綱人，世法平等，則人人不失自主之權，可掃除三綱畸輕畸重之弊矣。固秘天爲耶教所獨有，轉旋（議）孔教之不免有闕漏，不知皆孔教之所已有。大《易》之義，天下地泰，反之否；火下水既濟，反之未濟；凡《易》陽下陰㊸，男下女吉，反之凶且吝㊹。是早矯其不平等之弊矣。且《易》曰「統天」，曰「先

㊸《亞東》本作「凡易下套」，誤。

㊹除《亞東》本外，各本作「凡陽下陰，男下女吉，反之凶且吝」。

天而天弗違」，殆與佛同乎？是又出于耶教之上。特此土眾生根器太劣，不皆聞大同之教。今所流布者，言小康十居七八，猶佛之有小乘，有權教，而又竄亂淆奪于鄉愿之學派，是以動爲彼所持也。今將籠眾教而合之，則爲孔教者鄙外教之不純，爲外教者即笑孔教之不廣，二者必無相從之勢也。二者不相從，斯教之大權，必終授諸佛教。佛教純者極純，廣者極廣，不可爲典要。惟教所適，極地球上所有群教群經諸子百家，虛如名理，實如格致，以及希夷不可聞見，爲人思力所僅能到，乃至思力所必不能到，無不異量而兼容，殊條而共貫。佛教雖創于印度，而爲婆羅門及回教所厄，卒未得偏行，故印度之亡，佛無與焉。據佛書，釋迦文佛嘗娶三妻，諸大菩薩亦多有妻者，出家乃其一法耳，何嘗盡似今日之僧流乎？英士韋廉臣著《古教彙參》，偏詆群教，獨于佛教則歎曰：「佛眞聖人也。」美士阿爾格特嘗糾同志創佛學會于印度，不數年，歐、美各國遂皆立分會，凡四十餘處，法國信者尤眾；且翕然稱之曰：「地球上最興盛之教，無若耶者；他日耶教衰歇，足以代興者，其佛乎？」英士李提摩太嘗翻譯《大乘起信論》，傳于其國，其爲各教折服如此。日本素以佛教名于亞東，幾無不通其說者。近日南條文雄諸人，至分詣絕域，偏搜梵文古經，成梵文會，以治佛學。故日本變法之易，繫維佛教隱爲助力，使變動不居，以無膠固執著之見存也。總之佛教，能治無量無邊不可說不可說之日球星球，盡虛空界無量無邊不可說不可說之微塵世界。盡虛空界，何況此區區之一地球！故言佛教，則地球之教，可合而爲一。由合一之說推之：西人深贊中國井田之法，爲能禦天災，盡地利，安土著，平道路，限戎馬，均貧富。其治河爲縱橫方罫之隄，實陰用之而收奇效。故盡改民主以行井田之法，則地球之政，可合而爲一。又其不易合一之故：由語言文字，萬有不齊，越國即不相通，愚賤猶難徧曉；更若中國之象形字，尤爲之梗也。故盡改象形字爲諧聲，如（各）用土語，互譯其意，朝授而夕解，彼作而此述，則地球之學，可合而爲一。

孔教何嘗不可徧治地球哉！然教則是，而所以行其教者又非也。無論何等教，無不嚴事其教主，俾定于一尊，而牢籠萬有；故求智者往焉，求財者往焉，求子者往焉，求壽者往焉，求醫者往焉。由日用飲食之身，而成家人父子之天下，寤寐寢興，靡纖靡巨，人人懸一教主于日用㊺心目之前，而不敢紛馳于無定，道德所以一，風俗所以同也。中國則不然。府廳州縣，雖立孔子廟，惟官中學中人，乃同祀之；至不堪，亦必納數十金鬻一國子監生，始賴以駿奔執事于其間。農夫野老，徘徊觀望于門牆之外，既不覩禮樂之聲容，復不識何所爲而祭之，而已獨不得一與其盛，其心豈不曰：孔子廟，一勢利場而已矣。如此，又安望其教之行哉！且西人之尊耶穌也，不問何種學問，必歸功于耶穌，甚至療一病，贏一錢，亦必報謝曰：「此耶穌之賜也。」附會歸美，故耶穌龐然而日大，彼西人乃爾愚哉？事教主之道，固應如此也。中國之（所）謂儒，不過孔教中之一端而已。司馬遷論六家要指，其微意可知之。而爲儒者乃欲以儒蔽孔教，遂專以剝削孔子爲務。于治功則曰：「五尺羞稱也。」于學問則曰：

㊺「日用」二字，《亞東》衍。

「玩物喪志也。」于刑名又以爲申、韓刻覈，于兵陳又以爲孫、吳慘黷，于果報輪迴又以爲異端邪說，皆所不容。孔子之道，日削日小，幾無措足之地。小民無所歸命，心好一事祀一神，甚至一人祀一神，泉石尸祭，草木神叢，而異教乃眞起矣。爲孔者終不思行其教于民也，漢以後佛遂代爲教之，至今日耶又代爲教之。爲耶者曰：「中國既不自教其民，即不能禁我之代爲教。」彼得托于一視同仁，我轉無詞以拒。豈惟無詞以拒，往者諸君子抱亡教之憂，哀號求友，相約建孔子教堂，倣西人傳教之法，徧傳諸愚賤，某西人聞之曰：「信能如是，吾屬教士，皆可歸國矣。」不悟斯舉適與愚黔首之旨背戾，故遭禁錮。後雖名爲開禁，實則止設一空無所有之官書局，徒增一勢利場而已矣。于力不能拒之耶教，則聽之，且保護之；于衰微易制之孔教，則禁之，且嚴絕之。痛哉痛（哉）！先（聖）何辜，生民何辜，乃胥遭夭閼于獨夫民賊之手！其始思壓制其人，則謬爲崇奉孔教之虛禮，以安反側；終度積威所劫，已不復能轉動，則竟放膽絕其孔教。此其狼毒，雖蝮蛇鴆鳥，奚以逮此！生其間者，反不如汪洋恣肆于異教，轉可以行其志矣。天津有在理教者，最新而又最小。其書浮淺，了無精義，乃剌取佛教、耶教、回教[46]之粗者而爲之；然別有秘傳，誓不爲外人道。吾嘗入其教以求之，蓋攘佛教唵嘛呢叭迷吽六字，借爲服氣口訣而已，非有他奧巧也。然且從其教者，幾徧直隸。非其（教）主力能爾也，賴有果報輪迴諸說，愚夫愚婦輒易聽從；又嚴斷煙酒，亦能隱爲窮

---

46 「剌取」，各本作「剎」。

民節不急之費。故不論其教（如何），皆能有益（于）民（生），總愈于中國擯棄愚賤于教外，乃至全無教也。原夫世間之所以有教，與教之所以得行，皆緣民生自有動而必靜、倦而思息之性，然後始得迎其機而利導之。人即至野悍，迨于前塵之既謝，往跡之就湮，循所遭遇，未嘗不戀之拳拳。相彼禽族，猶有啁啾之頃者，此也。此而無教以慰藉而啓發之，則可哀孰甚焉！《傳》曰：「饑者易爲食，渴者易爲飲。」豈爲政爲然哉？生無教之時，民苦無所系屬，（任取誰何）一妄人所倡至僻陋之教，皆將匍匐往從，不尤可哀乎！雖然，又豈惟愚賤之不教乎！

談者至不一矣。約而言之，凡三端，曰「學」，曰「政」，曰「教」。學不一精，格致乃爲實際；政不一興，民權乃爲實際；至于教則最難言，中外各有所囿，莫能折衷，殆非佛無能統一之矣。言進學之次第，則以格致爲下學之始基，次及政務，次始可窺見教務之精微。以言其衰也，則教不行而政敝，政敝而學亡。故言政言學，苟不言教，則等于無用，其政術學術，亦或反爲殺人之具。然而求保國之急效，又莫捷于學矣。法之敗于普也，師熸君禽，已無存理，普之力，非不能徑滅之；然卒與言和者，畢士馬克稔知德民之學，遠不逮法，各有疆域，猶可拒守，若滅之，則渾然一國，形見勢絀，莫可遁逃，普其終爲法奴役，若安以一女子復其國，夫固法之已事矣。故破其國而不敢有，法人之學爲之也。故曰：「保國莫捷于學也。」萬國公法，兩國開戰之時，于學堂學會書院藏書樓博物院天文台醫院等，皆視同局外，爲礮彈槍子所不至，且應妥爲保護。然則其朝廷即不興學，民間亦當自爲之，所以自保也。且朝廷無論如何橫暴，終不能禁民使不學，中國之民，惟此權尚能自主，則由此充之，凡已失之權，無不可因此而胥復也。錮水于鍋爐，勿謂水弱也，烈火燔其下，雖鍼鐵百重，而鍋爐必爲汽裂，漲力之謂也。豫章之木，勾萌于石罅，勿慮無所容也，日以長大，將漸據石所據之地，石且爲之崩離，擠力之謂也。惟學亦具此二力。才智日聰，謀慮日宏，聲氣日通，生計日豐，進無求于人，退無困于己，上而在朝，下而在野，濟濟盈廷，穆穆布列，皆同于學，即皆爲學之所攝。發政施令，直舉而措之可也。某某所謂變亦變，不變亦變；某某所謂通亦通，不通亦通；猶意大利之取羅馬城也，初不煩兵刃，直置教堂于不聞不覩，任其自生自死焉耳。閔焉則存之，否則去之，無不在我，彼何能爲哉㊼！漲力以除舊，擠力以布新，猗歟休哉，而有學也！是以揖讓爲征誅，揭竿斬木爲受籙膺圖也；而睊睊思逞，期一洩怨毒于其上者，復何爲乎！且民而有學，國雖亡，亦可也。無論易何人爲之君，必無敢虐之。直君亡耳。視君亡猶易臧獲，于民寧有害焉。故泰西諸國，有此國偶乏其君，乃聘請別國渺不相涉之人以爲之君，或竟併數國爲一國，如古之英倫三島，瑞典之于挪威，以及所謂聯邦，皆是也。《春秋》之義，天下一家，有分土，無分民。同生地球上，本無所謂國，誰復能此疆爾界，糜軀命以保國君之私產，而國遂以無權。國無權，權奚屬？學也者，權之尾閭而歸墟也。

㊼ 本句據《清議報》本；各本作「無不我而彼何能爲哉！」疑誤。

以言乎大一統之義，天地間不當有國也，更何有于保？然此非可以一蹴幾也。世亂不極，亦末由撥亂反之正。故審其國之終不治也，則莫若速使其亂，猶（冀）萬一能治之者也。且其間亦有劫運焉，雖獨夫民賊之罪，要由眾生無量生中之業力所感召而糾結。吾觀中國，知大劫行至矣，不然，何人心之多機械也！西人以在外之機械，製造貨物；中國以在心（內）之機械，製造劫運。今之人莫不尙機心，其根皆由于疑忌。乍見一人，其目灼灼然，其口緘，其舌矯矯欲鼓，其體能卑屈，而其股肱將欲翱翔而攫搏，伺人之瑕隙而蹈焉。吁，可畏也！談人之惡則大樂；聞人之善則厭而怒。以謾罵爲高節，爲奇士，其始漸失其好惡，終則胥天下而無是非。故今人之論人，鮮不失其眞焉。

京朝官益以攻擊爲事，初尙分君子小人之黨，旋并君子小人而兩攻之。黨之中又有黨，黨之中又自相攻㊽，一人而前後歧出，一時而毀譽矛盾。如釜中蝦蟹，囂然以鬨，火益烈，水益熱，而鬨益甚。故知大劫不遠矣。且觀中國人之體貌，亦有劫象焉。試以擬諸西人，則見其委靡，見其猥鄙，見其粗俗，見其野悍。或瘠而黃，或肥而弛，或萎而傴僂，其光明秀偉有威儀者，千萬不得一二。或曰：中國人愁困勞苦，喧隘不潔，易生暗疾。向之所見，蓋無無病者也，固也。然使既以遭遇攻其外，不更以疑忌巧詐自蠹其中，彼外來之患害猶可祛也。豈非機心之益其疾耶？無 術以救之，亦惟以心救之。緣劫運既由心造，自可以心解之。

㊽《亞東》本作「旋并君子小人而兩攻之，黨之中又有黨，又有黨黨之黨，又有相攻」。

夫心力最大者，無不可爲。惟其大也，又適以召阻：格致盛而愈多難窮之理，化電盛而愈多難分之質，醫學盛而愈多難治之症，算學盛而愈多難取之題，治理盛而愈多難防之弊。道高一尺，魔高一丈，愈進愈阻，永無止息。然反而觀之，向使不進，乃并此阻而不可得。是阻者進之驗，弊者治之效也。同消同長，道通爲一，惟在不以此自阻焉耳。苟畏難而偷安，防害而不敢興利，動援西國民黨之不靖，而謂不當學西法，不知正其治化日進之憑據也。即有小亂，當統千萬年之全局觀之，徒童闚于一孔，謂頭痛當醫頭，腹痛當醫腹，遂棄置全局于不顧，此其心力，誠不足道矣！然而知心力之不可恃，不審心力之所由發，直情徑遂，壯趾横行，則持以平機心之心力，轉而化爲機心。以機愈機，軸輪雙轉，助劫而已，焉能挽劫哉？然則如之何？曰：盍于一人試之。見一用機之人，先去乎自己機心，重發一慈悲之念，自能不覺人之有機。人之機爲我忘，亦必能自忘；無召之者，自不來也。此可試之一二人而立效，使心力驟增萬萬倍，天下之機心不難泯也。心力不能驟增，則莫若開一講求心之學派，專治佛家所謂願力。美士㊾烏特亨立所謂治心免病法。合眾人之心力爲之，亦勿慮學派之難開也。各教教主，皆自匹夫一意孤行而創之者也。蓋心力之實體，莫大于慈悲。慈悲則我視人平等，而我以無畏；人視我平等，而人亦以無畏。無畏則無所用機矣。佛一名「大無畏」。其度人也，曰施無畏。無畏有五，曰：無死畏，無惡名畏，無不活畏，無惡道畏，乃至無大眾威德

㊾「美士」，除《亞東》本外，各本作「英士」。

畏。而非慈悲則無以造（度）之。故慈悲爲心力之實體。今夫向人涕泣陳訴，惻怛沈痛，則莫不暫釋其機心而哀憐之。彼僞悲而不慈，奚足感人若此[50]，又況天地民物爲無量之大慈悲乎！

以心挽劫者，不惟發願救本國，并彼極強盛之西國，與夫含生之類，一切皆度之。心不公，則道力不進也。故凡教主教徒，不可自言是某國人，當如耶穌之立天國，平視萬國，皆其國，皆其民，質言之曰無國可也。立一法，不惟利于本國，必無損于各國，使皆有利；創一教，不惟可行于本國，必合萬國之公理，使智愚皆可授法。以此爲心始可言仁，言恕，言誠，言絜矩，言參天地、贊化育。以感一二人而一二化；則以感天下而劫運可挽也。今夫西國，豈非所謂極盛強者哉？然以衡諸地球萬萬年之全運，爲人言思擬議所不能及之盛，則猶堆積盈野之繭，特微引其緒耳，烏足爲極！且致衰之道亦不一矣。中國、土耳其、阿富汗、波斯、朝鮮，海內所號爲病夫者也。英、美、德、法諸國，不併力強革其弊政，以療其病，則其病將傳染于無病之人。而俄羅斯則故曲徇其守舊之意，虛爲保護之貌，惟恐他國革其弊政，所以陰弱之。又以自固其君主國之勢，又使守舊者感其患[51]，而守舊之國，亦竟深相倚寄！中國則訂密約矣；朝鮮寄居其(使)館，且授兵柄矣。乘渴而飲以鴆酒，乘饑而飽以漏脯。

[50] 除《亞東》本外，各本作「故僅悲而不慈，奚足感人若此」，疑誤。

[51] 除《亞東》本外，各本均作「使守舊者感其患」。

愚公之愚，固折入于俄而不足惜；彼旁觀者，獨不慮孫策坐大乎？中國又虐殺回回人，西寧有已降老弱婦女萬餘人，鎮將鄧增一夕盡殺之，而以克復三國關張皇入告。回教切齒，思歸俄國。土耳其又虐殺害希臘教人、革雷得島亞米尼亞人，兵連禍結，數年不息。希臘教人切齒，思歸俄國。嗚呼！吾將見可殺克之馬兵蹂躪歐、亞兩洲，而各國寧能無恙耶！即彼兩國，亦寧能(無)物極必反，俱傷而兩敗耶！地球戰禍，殆于不可紀極矣。顧此猶其顯而易見者也。若夫各國致衰之由，則不寧惟是。吾敢斷之曰：各國欺陵遠近東病夫之道，即其所以致衰之道。何也？國于天地，必有與立，則信與義，其內治外交之膠粘物也。各國之強盛，罔不由于信義，天下既共聞而共見之矣；不幸獨遇所謂病夫者，以信義待之，彼反冥然罔覺，悍然不顧。于是不得已而脅之以威，詐之以術。又不幸脅與詐而果得所欲，且踰其初志焉，將以爲是果外交之妙用也已。相習成風，轉視信義爲迂緩。則以之待病夫者，旋不覺以施諸無病之人。無病之人，不能忍受，別求所以相報。由是相詭相遁，外交之信義亡矣。又相習愈深，以待與國者，旋不覺以施諸國中之人。上下同列，相詭相遁，內治之信義又亡矣。信義不立，其不同爲病者與有幾？故夫人與己，本非二致；而人心者，又可固不可攖者也。攖之以信義，在有道者觀之，猶以爲其效必極於不信不義，況攖之以不信不義，其禍胡可言哉[52]！今將挽

[52] 《清議報》本作「人心者，又不可攖者也」。《全編》作「而人心者，又不可攖者也，攖之以信義」。《國民報》本作「反本不可攖者也」。

救之，而病夫者，非是則莫肯率從。甚矣病夫之累人，而各國遭遇之苦誠有不幸也！然爲各國計，莫若明目張膽，代其革改，若何廢其所謂君主，而擇其國之賢明者，爲之民主，如墨子所謂「選天下之賢者，立爲天子」，俾人人自主，有以圖存，斯信義可復也。若慮俄國之擾也，則先修歐、亞兩洲東西大鐵路，東起朝鮮，貫中國、阿富汗、波斯、東土耳其，梁君士但丁峽，達西土耳其，作爲萬國公路，皆不得侵犯之。按諸地圖，此諸病夫者，同在北緯三十度至四十度之間，天若豫爲位置，令其土壤成一直線。苟因天之巧，濟以人力，以三萬餘里之鐵軌穿爲一貫，如牛鼻之有雉，魚腮之有柳，諸病夫戢戢相依，托餘生之（于）鐵路，不致爲大力者負（之）而走，其病亦自向蘇，而各國所獲鐵路之利，抑孔厚矣。俄國西比利亞之鐵路成，則東西洋之商旅皆將出于其途。俄之厚，鄰之薄也。今修此路，則彼爲其弧，此爲其弦；遠之于近，其利一。彼路長則成功勞，此路短則成效速；難之于易，其利二。彼路長則行李稍淹，此路短則計日加捷；遲之于速，其利三。彼越烏拉嶺之南北幹山，與鐵路正交，此循葱嶺之東西幹山，與鐵路平行；險之于夷，其利四。彼近寒帶，天時凜冽，此在溫帶，天時和煦；寒之于暖，其利五。彼荒寒枯瘠，物產蕭寥，此農礦膏腴，物產充牣；歉之于盈，其利六。彼工藝製造，寂然無聞，此商貨灌輸，日不暇給；僻之于繁，其利七。彼人民野悍，駕馭難周，此人民柔順，驅使易效；梗之于馴，其利八。彼人少工價昂，此人多工價廉；散之于聚，其利九。彼一國孤撐，此眾擎易舉；重之于輕，其利十。彼專利于一方，此溥利于萬國；私之于公，其利十一。彼以危人之安，此以安人之危；利之于義，其利十二。

彼路爲眾心共疾，此路爲群情爭向；惡之于好，其利十三。彼路成，適以召天下之兵，此路成，足以定天下之亂[53]；失之于得，其利十四。總此十四利，則彼之借款難，此之招股易；背之于向，其利十五。總此十五利，則彼之償息多，此之償息少；疑之于信，其利十六。總此十六利，則彼之成本重，此之成本輕；耗之于省，其利十七。總此十七利，則彼之獲利微，此之獲利鉅；嗇之于豐，其利十八。總此十八利，則彼之鐵路，十年積慮，盡擲黃金于虛牝，此之鐵路，一旦出爭，立致青云于頃刻；廢之于興，其利十九。總此十九利，則彼不能以鐵路侵人國土，此轉欲以鐵路致其死命；敗之于功，其利二十。且夫弭將發之兵端，保五洲之太平，仁政也；極（拯）垂亡之弱國，植極困之遺黎，義舉也；籠總匯之商務，收溢散之利源，智謀也；爭棋劫之先著，杜橫流之後患，勇功也。以言乎其實，則詳于二十；以言乎其名，則略舉有四。此蓋亘天絕地之勳德，夫何憚而久不爲也？英、法、德、意、奧、和、比、日、葡、瑞、挪、丹、日本皆以商爲國，即皆宜肩此責。而英之商務尤大，尤宜倡首。英見美修萬餘里之大鐵路，遂于坎拿大效其所修，而與之平行。夫坎拿大不及美之土地富厚，猶欲與之爭馳，有反乎此者，乃熟視而澹忘之與？美國固素守局外，然此于商務有關，亦何可甘居人後！且華盛頓倡民主于前，林肯復釋黑奴于後，義聞宣昭，炳耀寰宇，乘此時攘臂而出，光烈可纘，鼎足成三，不必別爲弭兵之費，抑無俟于公斷之約，神武睿智，其有取諸！

---

[53] 除《亞東》本外，各本均作「足以定天下之兵」。

日本《國民雜誌》稱：由中部亞洲而出揚子江畔爲第一好路，不獨中國之利，天下亦將享受其便。英倫《三者姆四》稱[54]：俄路既通之後，當通第二條華路，中國一切商務，可由波斯、土耳其而達歐洲，與俄路平行。亦各粗著其端，惜乎未究厥旨；衆生業力將消，中外必多同心者矣。

然則中國謀自強，益不容緩矣。名之曰「自強」，則其責在己而不在人，故愼毋爲復仇雪恥之說，以自亂其本圖也。任彼之輕賤我，欺陵我，我當視爲兼弱攻昧，取亂侮亡，彼分內可應爲，我不變法，即不應不受。反躬自責，發憤爲雄，事在人爲，怨尤胥泯，然後乃得一意督責，合併其心力，專求自強于一己。則詆毀我者，金玉我也；干戈我者，藥石我也。無事不可借鑒，即隨地皆可見功。耶曰：「視敵如友」，亦誠有益于友也。管子之術，「人棄我取」，「因禍爲福」，「轉敗爲功」，斯亦天下之至巧者矣。蓋心力之用，以專以一。佛教密宗，宏于咒力，咒非他，用心專耳。故梵咒不通繙譯，恐一求其義，即紛而不專。然而必尙傳授者，恐自我創造，又疑而不專。思之思之，鬼神通之。孔曰：「民可使由之，不可使知之。」殆謂此也。自強者，強自而已矣；知其爲自，已覺多此一知，況欲以加乎人哉。今夫自強之策，其爲世俗常談者，吾弗暇論；論其至要，亦惟求諸己而已矣。行之則王，否則亡。不俟蓍蔡，毅然可決，則曰變衣冠。文化之消長，每與日用起居之繁簡得同式之比例。

---

[54] 除《亞東》本外，各本作「英倫《泰晤士報》稱」。

人惟窳惰，不欲興事，則心無意于求簡，而聽其繁。苟民智大開，方將經緯天地，酬酢萬物之不暇，豈暇事此繁縟之衣冠？繁必滯，簡必靈；惟簡然後能馭繁。故繁于物者，必先簡于己。一定之理，無可移易。吾聞西人之論方言矣：教化極盛之國，其言者必簡而輕靈，出于唇齒者爲多，舌次之，牙又次之，喉爲寡，深喉則幾絕焉。發音甚便利，而成言也不勞；所操甚約，而錯綜可至于無極。教化之深淺，咸率是以爲差。此亦由簡之辨也。又聞之法律家（矣）：頭等教化之國，國律時時更改，以趨于便，而變通盡利，斯法爲人用，人不至反爲法用；其次則有一定之律矣。教化之深淺，咸率是以爲差。此又靈滯之辨也。夫于衣冠，（又）何獨不然？既非上衣下裳，而偏爲長齋博袖；既非席地屈坐，而偏爲跪拜頓首。事之顛倒失理，寧或過此？以士大夫而爲此，則猶可言矣；顧農夫之于畎畝，工役之于機器，兵卒之于戰陣，傭隸之于趨走，于今之衣冠禮範有大不便者，而亦不聞異其制，何耶？嗚呼！君主之弱天下也，必爲正繁重之禮與俗，使竭畢生之精神，僅足以勝其繁重，而保其身以不戾于時，則天下必無暇分其精力，思與君主抗，積之既久，忘其本始，遂以爲理之當然，而事之固然，不恤役志于繁重，以自塞錮其聰明，雖禍患在眉睫，亦將不及顧，或語以簡便，則反詫爲詭異。故中國士民之不欲變法，良以繁重之習，漸漬于骨髓；不變其至切近之衣冠，終無由聳其聽聞，決其志慮，而咸與新也。日本之強，則自變衣冠始，可謂知所先務矣。乃若中國，尤有不可不亟變者，薙髮而垂髮辮是也。姑無論其出于北狄鄙俗之制，爲生人之大不便；吾試舉今古中外所以處髮之道，聽人之自擇焉。處髮之道凡四，曰「全髮」，中國之古制也是。

髮受于天，必有所以用之，蓋保護腦氣筋者也。全而不修，此其所長（也），而其病則有重腿（膇）之累。曰「全薙」，僧制是也。清潔無累，此其所長也；而其病則無以護腦。曰「半剪」，西制是也。既足以護腦，而又輕其累，是得兩利。曰「半薙」，蒙古、韃靼之制是也。薙處適當大腦，既無以蔽護于前，而長髮垂辮，又適足以重累于後，是得兩害。孰得孰失，奚去奚從，明者自能辨之，無俟煩言而解矣。

心力可見否？曰：人之所賴以辦事者是也。吾無以狀之，以力學家凹凸力之狀狀之。愈能辦事者，其凹凸力愈大；無是力，即不能辦事，凹凸力一奮動，有挽強持滿，不得不發之勢，雖千萬人，未或能遏之而改其方向者也。今略舉十有八：曰「永力」，性久不變，如張弓然。曰「反力」，忽然全變，如弛弓然。曰「攝力」，挽之使近，如右手控弦然。曰「拒力」，推之使遠，如左手持弓然。曰「總力」，能任群重，如槓桿之倚點然。曰「折力」，能分條段，如尖劈之斜面然。曰「轉力」，互易不窮，如滑車然。曰「銳力」，曲而能入，如螺絲然。曰「速力」，往來飛疾，如鼓琴而弦顫然。曰「韌力」㊺，阻制馳散，如游絲之節動然。曰「擰力」，兩矯相違，如絞網而成繩然。曰「超力」一瞬即過，如屈鋼條而使躍然。曰「鈎力」，逆探至隱，如餌釣魚，時禽時縱然。曰「激力」，雖異爭起，如風鼓浪，乍生乍滅然。曰「彈力」，驟起擊壓，無堅不摧，如弩括突矢，突矢貫札然。曰「決力」，

㊺「曰韌力」，除《亞東》本外，各本作「動力」。

臨機立斷，自殘不恤，如劍鋒直陷，劍身亦折然。曰「偏力」，不俯即昂，不令相平，所以居己于重也，如碓杵然。曰「平力」，不低不昂，適劑其平，所以息物之爭也，如懸衡然。此諸力者，皆能挽劫乎？不能也。此佛所謂生滅心也，不定聚也。自攖攖人，奇幻萬變，流術（衍）無窮，愈以造（劫）。吾哀夫世之所以有機械也，無一不緣此諸力而起。天賦人以美質，人假之以相鬥，故才智愈大者，爭亦愈大。此凹凸力之爲害也。然無是力，即又不能辦事。宜如之何？曰：何莫併凹凸力而用之于仁？仁之爲通（道）也凡四，曰「上下通」。天地交泰，不變（交）否；損上益下，益反之損，是也。曰「中外通」。子欲居九夷，春秋大黃池之會，是也。曰「男女內外通」。子見南子是也。終括其義，曰「人我通」。此三教之公理，仁民之所爲仁也。原夫人我所以不通之故，腦氣之動法各異也。吾每于靜中自觀，見腦氣之動，其色甚白，其光燦爛，其微如絲，其體紆曲繚繞。其動法：長短多寡有無，屢變不定，而疾速不可名言，如云中之電，無幾微之不肖。信乎腦即電也。吾初意以爲無法之動，繼乃知不然。當其萬念澄澈，靜伏而不可見；偶萌一念，電象即呈，念念不息，其動不止。易爲他念，動亦大異，愈念愈異，積之至繁，即又淆濁不復成象矣。于其異念則異動，因知動法皆摹擬乎念，某念即某式，某念變某式，必爲有法之動，且有一定之比例。惜其理至賾，牽涉萬端，爲時太暫，不容一瞬，雖欲詳考，其道無由。昔天文家誤以天王海王二星，爲無法之動，久殆（始）察知其外攝力正雜，運行易致參差。然統計眾軌道之全體，仍可馭之入算，列之成圖，非無法也。腦氣之動，殆正類此。其動者，意識也；大腦之用也。爲大腦之體者，藏識也。其使有法之動者，執識也；小腦之體也。爲小腦之用者，前五識也。惟睡夢瘋癲，輒爲無法之動，意識未斷，而執識先斷也。執識亦非斷，即我執未斷，而法執先斷也；大腦明，而小腦半昧也。《唯識》所謂昏沈舉第七識暫斷者也。夫斷識本有定序，先意識而後執識，先我執而後法執；今全倒其序，是以成爲無法之動也。睡夢者，乃其平日前五識所受之染，深鍥其體質品狀于大腦之藏識，而小腦司其啓閉，使布列井井，條理咸備。法執苟斷，是斷其小腦之半，故夢中未嘗不知有我，以我執猶在也。意識漸從藏識中發露，一一復呈所染于前五識，恍然猶前五識重與之接，因而成夢。其實前五識爲小腦之用，小腦既斷其半，是前五識已斷矣。然輒迷離謬悠，湊泊無理，幾能別自創一世界，則以無次第整齊之法執也。是以孩提無夢，智識未盛也。愚人無夢，藏識不靈也。至人亦無夢，前五識不受染也。此睡夢之腦氣動法也。推之瘋癲，亦應如是，惟前五識未斷耳。夫腦氣動法，既萬有不齊，意識乘之，紛紜而起。人與人，地與地，時與時，事與事，無所往而不異，則人我安得有相通之理？凹凸力之爲害，即意識之爲害也。今求通之，必斷意識；欲斷意識，必自改其腦氣之動法。外絕牽引，內歸易簡，簡之又簡，以至于無，斯意識斷矣。意識斷，則我相除；我相除，則異同泯；異同泯，則平等出；至于平等，則洞澈彼此，一塵不隔，爲通人我之極致矣。佛氏之言云：「何是山河大地？」孔氏之言曰：天下何思何慮？」此其斷意識之妙術，腦氣所由不妄動，而心力所由顯。仁矣夫！

天下皆善其心力也，治化之盛當至何等地步？曰：此未易一二言，吾試言其粗淺，則地球之治，必視農學爲進退。孟子曰：「天下之生久矣，一治一亂。」夫治而有亂，其必有大不得已之故，而保治之道未善也。大不得已之故，無過人滿。地球之面積，無可展拓，而人類之蕃衍，代必倍增，所產不敷所用，此固必亂之道也。今幸輪船鐵路，中外盡通，有餘不足，互相酌劑，總計荒地正多，即丁口再加百十倍，猶易生活。吾觀西國闢地通商，汲汲爲殖民政策，而嘆其志慮宏遠矣。王船山嘗恨兩漢史官昧于政體：時承大亂之後，歸降動至百萬數十萬人，其用兵之數，當不止此，皆不農不耒無業游民也，一旦歸休，如何安置，如何勞來，還定安集之，又操何術，使有執業，足自給而不爲亂，當時至大至難之事，寧有過于此者？而史官一字不及，眞可謂無識焉耳。于古既無所徵，後世遂百思不得其故。曾國藩深慨遣散兵卒之難，甚于募練，至于無法以處其後。散勇之潰叛，降人之反覆，不一而足，至今爲戒。試爲思一處置之法，則無若遷耕曠土之爲得也。是以俄遷波蘭人于西比利亞，英遷罪徒于澳洲，各國或遷于非洲，美釋黑奴而封之于曲蘭斯佛耳爲民主國，皆以農政爲消納人口之計；而尤以美封黑奴，稱震古鑠今之仁政焉。故人滿之患，必生于他處之土滿，非眞滿也。土滿之患，必生于居處之不均，墾闢之不講，亦未能定爲眞滿也。苟統五大洲人土兩均，而猶患人滿，斯眞滿矣。斯農之所以貴有學也。地學審形勢，水學禦旱潦，動植學辨物性，化學察品質，汽機學濟人力，光學論光色，電學助光熱。有學之農，穫數十倍于無學之農。然竭盡地球之力，則尤不止于此數。使地球之力竭盡無餘，而猶不足以供人之食用，則必別有他法，考食用之物爲某原質配成，或將用水原質化合爲物56，而不全恃乎農。使原質又不足以供，必將取于空氣，配成質料，而不全恃乎實物。且將精其醫學，詳考人之臟腑支體所以必需食用之故，而漸改其性，求與空氣合宜，如道家闢穀服氣之法，直可不用世間之物；而無不給矣。又使人滿至于極盡，即不用一物，而地球上駢肩重足猶不足以容，又必進思一法，如今之電學，能無線傳力傳熱，能照見筋骨肝肺，又能測驗腦氣體用，久之必能去其重質，留其輕質，損其體魄，益其靈魂，兼講進種之學，使一代勝于一代，萬化而不已；必別生種人，純用智，不用力，純有靈魂，不有體魂。猶太古初生，先有蠢物，後有靈物；物既日趨于靈，然後集眾靈物之靈而爲人。今人靈於古人；人既日趨於靈，亦必集眾靈人之靈，而（化）爲純用智純用靈魂之人。可以住水，可以住火，可以住風，可以住空氣，可以飛行往來于諸星諸日，雖地球全毀，無所損害，復何不能容之有！惟是眾生之業力難消，地球之變局日甚：地球由熱而冷，由漲而縮，由鬆而緊，由軟而堅，由圓而扁；歲差數十秒，七十餘年而差一度，二萬餘年而復其始。復其始，又不能眞復其原點；則積無量二萬年，而地球之南北極，與天空之南北極，兩相易位。其間之水火海陸，不知凡幾經大變，而地球亦有終毀之時。他日之治亂興衰，誠非人之私意所能逆料，然而極之彌勒下生，維摩病起，人民豐

56 除《亞東》本外，各本作「將用各原質化合爲物」，作「水」誤。

樂，山河如鏡，眞性各各㊼，充滿法界，一切眾生，普遍成佛；其未成佛者，舍此世界地球極治之時，必即在地球將毀之時矣。何者？眾生之業力消，地球之業力亦消；眾生之體魄去，地球之體魄亦去。夫地球亦眾生也，亦一度眾生者也；地球之不得即毀，眾生累之也。

地球之治也，以有天下而無國也。莊曰：聞在宥天下，不聞治天下。」治者，有國之義也；在宥者，無國之義也。□□□曰㊽「在宥」，蓋「自由」之轉音，旨哉言乎！人人能自由，是必無國之民。無國則畛域化，戰爭息，猜忌絕，權謀棄，彼我亡，平等出；且雖有天下，若無天下矣。君主廢，則貴賤平；公理明，則貧富均。千里萬里，一家一人。視其家，逆旅也；視其人，同胞也。父無所用其慈，子無所用其孝，兄弟忘其友恭，夫婦忘其倡隨。若西書中百年一覺者，殆彷彿《禮運》大同之象焉。蓋治國如此，而家始可言齊矣。然則大學言「家齊而後國治，國治而後天下平」，非歟？曰：「非也。」□□□曰㊾：彼所言者，封建世之言也。封建世，君臣上下，一以宗法統之。天下大宗也，諸侯、卿大夫皆世及，復各爲其宗。民田受之于上，而其上之制祿，亦以農夫所入爲差。此龔定盦所以有農宗之作也。宗法行，而天下如一家。故必先齊其家，然後能治國平天下。自秦以來，封建久廢，宗法蕩

㊼除《亞東》本外，各本作「眞性各各」。
㊽除《亞東》本、《清議報》本外，各本僅有「曰」字。
㊾除《亞東》本、《清議報》本外，各本僅有「曰」字。

盡，國與家渺不相涉。家雖至齊，而國仍不治；家雖不齊，而國未嘗不可治；而國之不治，則反能牽制其家，使不得齊。于是言治國者，轉欲先平天下；言齊家者，亦必先治國矣。大抵經傳所有，此封建世之治，與今日事務，往往相反，明者決知其必不可行。而迂陋之僻儒，輒喜引經據典，侈談古制，實欲見諸施行，而不悟其不合，良足悼焉。或曰：「天下至平者無天下，國至治者無國，家至齊者無家，無他，輕滅體魄之事，使人人不困于倫常而已矣。然世有娼妓者，非倫常，非非倫常，非以困人，亦不以困人⑩。禁之歟，抑聽之歟？曰：體魄之事盡，則自無娼妓，不待禁也。苟其不盡，雖禁不止。子不見西國乎？治化不爲不盛，而娼妓日多，卒無術以禁止，遂成爲五大洲通行之風俗。然而既不能禁，即不能終聽之矣。凡官之于民，如家人父子然，見有不善，力能禁之固善；力不能禁，即當引爲己任，而與之同其利害，非可閉塞耳目，置諸不理，以不聞不問，苟焉爲自潔也。娼妓亦其一事焉。明知萬不能禁，則胡不專設一官，經理其事？限定地段，毋與良民雜處；限定名額，寧溢毋隱；潔清其居，毋使致疾；整齊其法，毋使虐待；抽取費用，如保險之利，爲在事諸人之薪俸。規條燦然，莫能欺遁，而陷溺者亦自有止境。豈非仁政之大者哉？雖然，以論于中國民事，有更大于此者，尙且隔膜坐視，不加喜戚于心，又況娼妓之區區（者耶）！

難者曰：「子陳義高矣，既已不能行，而滔滔然爲空言，復奚益？」曰：吾貴知，不貴

---

⑩ 除《亞東》本外，各本作「非倫常，非非倫常，亦能困人」。《全編》本落「能」。

行也。知者，靈魂之事也；行者，體魄之事也。孔曰：「知之爲知之，不知爲不知，是知也。」知亦知，不知亦知。是行有限，而知無限；行有窮，而知無窮也。且行之不能及知，又無可如何之勢也。手足之所接，必不及耳目之遠；記性之所至，必不及悟性之廣；權尺之所量，必不及測量之確；實事之所肇61，必不及空理之精；夫孰能強易之哉？僻儒所患能知而不能行者，非眞知也，眞知則無不能行矣。教也者，求知之方也。故凡教主教徒，皆以空言垂世，而不克及身行之，且爲後世詬詈戮辱而不顧也。耶殺身，其弟子十二人，皆不得其死。孔僅免于殺身，其弟子七十人，達者蓋寡。佛與弟子，皆飢困乞食，以苦行終。此其亡軀命，以先知覺後知。以先覺覺後覺，豈暇問其行不行者！惟摩西、穆罕默德，以權力行其教，君主而已矣，何足爲教主？然則知之與行，孰爲貴而孰爲賤也？今之談者，輒曰：「吾專言學，是以學教也。」否則，曰：「吾專言政，是以政教也。」或竟明言曰：「吾不言教，是自成爲不言教之教也。」不言教之教，禪宗所謂不立文字，又謂運水搬柴，盡是神通妙用是也。蓋教能包政、學，而政、學不能包教。教能包無教，而無教不能包教。彼詆教者，不知教之大，爲天下所不能逃，而刻意欲趨教外，實深墮乎教中，則何其不知量之甚也！故佛說（有云）：「謗佛者即是信。」以其既已知有佛矣，不能以謗而自滅其知也。明乎此，復何疑于吾言？且吾言地球之變，非吾之言，而《易》之言也。《易》冒天下之道，故至賾而不可惡，

61 除《亞東》本外，各本作「實事之所麗」。

吾嘗聞□□□之論乾卦矣，于《春秋》三世之義有合也。《易》兼三才而兩之，故（有）兩三世。內卦逆而外卦順，「初九，潛龍勿用」，太平世也，元統也。無教主，亦無君主。于時爲洪荒太古，氓之蚩蚩，互爲酋長已耳。于人爲初生。勿用者，無所可用者也。「九二，見龍在田，利見大人」，升平世也，天統也。時則漸有教主君主矣，然去民尚未遠也，故曰在田。于時爲三皇五帝。于人爲童穉。「九三，君子終日乾乾，夕惕若厲，無咎」，據亂世也，君統也。君主始橫肆，教主乃不得不出而劑其平，故詞多憂慮。于時爲三代。于人爲冠婚。此內卦之逆三世也。「九四，或躍在淵，無咎」，據亂世也，君統也。上不在天，下不在田；或者試詞也。知其不可爲而爲之者，孔子也。于時自孔子之時至于今日，皆是也。于人則爲壯年以往。「九五，飛龍在天，利見大人」，升平世也，天統也。地球群教，將同奉一教主；地球群國，將同奉一君主。于時爲大一統。于人爲知天命。「上九，亢龍有悔」，太平世也，元統也。合地球而一教主，一君主，勢又孤矣。孤故亢，亢故悔。悔則人人可有教主之德，而教主廢；人人可有君主之權，而君主廢。于時爲遍地民主。于人爲功夫純熟，所謂「從心所欲，不踰矩」也。此外卦之順三世也。然而猶有跡象也。至于「用九，見群龍無首，吉」，天德不可爲首也。又曰：天下治也，則一切眾生，普遍成佛。不惟無教主，乃至無教；不惟無君主，乃至無民主；不惟渾一地球，乃至無地球；不惟統天，乃至無天；夫然後至矣盡矣，蔑以加矣。嗚呼！尊教主者，寧教主之願也哉？有惡劣之眾生，而後有神聖之教主，不願眾生之終于惡劣，故亦不願教主之長爲神聖，此推窮治理，必以無教爲極致矣。

孔子曰：「天下有道，丘不與易也。」孟子曰：「予豈好辯哉？予不得已也。」夫教主之出現，誠不幸而遇于不得已焉耳。悲夫悲夫！

救人之外無事功，即度眾生之外無佛法。然度人不先度己，則己之智慧不堪敷用，而度人之術終窮；及求度己，又易遺棄眾生，顯與本旨相違，若佛所謂證于實際，墮落二乘矣。然則先度人乎？先度己乎？曰：此皆人己太分之過，諦聽諦聽，當如是：知人外無己，己外無人，度人即是度己，度己即是度人。譬諸一身，先度頭乎？先度手乎？頭亦身之頭，手亦身之手，度即并度，無所先後也。若因世俗，強分彼此，則可反言之曰：度己，非度己也，乃度人也；度人，非度人也，乃度己也。何以言之？今夫空山修證，潔治心源，此世俗所謂度己者也。然心源非己之源也，一切眾生之源也。無邊海印，萬象森羅。心源一潔，眾生皆潔。度人孰有大于此者？況四萬八千戶蟲在己身，己有無數眾生，安見己身果己身有耶？故曰：「度己，非度己也，乃度人也。」今夫方便施捨，廣行善事，此世俗所謂度人者（也）。然僅態益眾生之體魄，聊為小補，眾生迷誤，則如故也。雖法施廣大，宏願熏習，不難資以他力，要視眾生之自力何如，非可人人強之也。由是以談度人，未能度到究竟，而己之功德則已不可量矣。故曰：「度人，非度人也，乃度己也。」嘗以此說質之□□，則曰：「子前之說是也。後之說謂度人未能度到究竟，亦尚有未盡。今試予人一錢，扶人一步，其為度也微矣。然而由此充之，鍥而不捨，極于無量劫，終必度到究竟。以度到究竟之因緣，自此而結，度人者勿以善小而勿為矣。」

眾生度得盡否？當在何時度盡？曰：時時度盡，時時度不盡。自有眾生以來，即各各自有世界。各各之意識所造不同，即各各之五識所見不同。小而言之，同一明日皓月，緒風晤雨，同一名山大川，長林幽谷，或把酒吟嘯，觸境皆靈❻❷，或懷遠傷離，成形即慘：所見無一同者。大而言之，同一文字語言，而仁者見仁，智者見智；同一天下國家，而治者自治，亂者自亂；智慧深，則山河大地，立成金色；罪孽重，則食到口邊，都化猛火：所見更無一同者。三界惟心，萬（法）惟識。世界因眾生而異，眾生非因世界而異。然則世界眾生度盡度不盡，亦隨眾生所見何如耳。且即其實而言之，佛與眾生，同一不增不減之量。謂眾生不度盡，則眾生將日增；謂眾生度盡，則佛將日增。有所增亦必有所減，二者皆非理也。其實佛外無眾生，眾生外無佛；雖眞性不動，依然隨處現身；雖流轉世間，依然遍滿法界。往而未嘗生，生而未嘗往。一身無量身，一心無量心。一切入一，一入一切。尙何盡不盡之可言哉？是故佛既說「有一小眾生不得度者，我誓不成佛」；又說「卒無有一眾生得滅度」者，亦盡亦不盡也。《易》言：「天下同歸而殊途，一致而百慮。」不言殊途同歸，百慮一致者，殊則不復同，而不害其爲同，固不得強同之矣。百則不復一，而不害其爲一，固不得強一之矣。噫嘻，天下之勢，其猶川之決乎！一逝而萬古不合，此《易》之所以始乾而終未濟也。

---

❻❷ 除《亞東》本外，各本作「觸境皆虛」。

附錄

仁學序

梁啓超

嗚呼，此支那❶爲國流血第一烈士亡友瀏陽譚君之遺著也。烈士之烈，人人知之；烈士之學，則罕有知之者，亦有自謂知之，而其實未能知者。余之識烈士，雖僅三年，然此三年之中，學問言論行事，無所不與共。其于學也，同服膺南海❷，無所不言，無所不契。每共居則促膝對坐一榻中，往復上下，窮天人之奥，或徹數日夜廢寢食，論不休。十日不相見，則論事論學之書盈一篋。嗚呼，烈士之可以千古，尚有出乎烈士之外者，余今不言，來者曷述焉。乃叙曰：《仁學》何爲而作也？將以光大南海之宗旨❸，會通世界聖哲之心法，以救全世界之眾生也。南海之教學者曰：「以求仁爲宗旨，以大同爲條理，以救中國爲下手，以

❶「支那」，《全編》、《合集》無。
❷「同服膺南海」，同上註。
❸「光大南海之宗旨」，同上註。

殺身破家爲究竟。」《仁學》者，即發揮此語之書也。而烈士者即實行此語之人也。今夫眾生之大蔽，莫甚乎有我之見存；有我之見存，則因私利而生計較，因計較而生罣礙，因罣礙而生恐怖，馴至一事不敢辦，一言不敢發。充其極也，乃至見孺子入井而不怵惕，聞鄰榻呻吟而不動心，視同胞國民之糜爛而不加憐，任同體眾生之痛癢而不知覺，于是乎大不仁之事起焉。故孔子絕四，終以無我；佛說曰「無我相」。今夫世界乃至恆河沙數之星界，如此其廣大；我之一身，如此其藐小。自地球初有人類，初有生物，乃至前此無量劫，後此無量劫，如此其長；我之一身，數十寒暑，如此其短。世界物質，如此其復雜；我之一身，分合六十四原質❹中之各質組織而成，如此其虛幻。然則我之一身，何可私之有，何可愛之有。既無可私，既無可愛，則毋寧捨其身以爲眾生之犧牲，以行吾心之所安。蓋大仁之極，而大勇生焉。顧婆羅門及其他舊教，往往有以身飼蛇虎，或斷食，或臥車下轍下求死；而孔、佛不爾者，則以吾固有不忍人之心，既曰不忍矣，而潔其身而不思救之，是亦忍也。故佛說：「我不入地獄，誰入地獄。」孔子曰：「天下有道，丘不與易也。」古之神聖哲人，無不現身于五濁惡世，經歷千辛萬苦者，此又佛所謂「乘本願而出世」，孔子所謂「求仁而得仁，又何怨」也。烈士發爲眾生流血之大願也久矣。雖然，或爲救全世界之人而流血焉，或爲救一種之人而流血焉，或爲救一國之人而流血焉，乃至或爲救一人而流血焉，其大小之界，至不同

❹「六十四原質」，《全編》、《合集》作「七十三原質」。

也。然自仁者視之，無不同也。何也？仁者平等也，無差別相也，無揀擇法也，故無大小之可言也，此烈士所以先眾人而流血也。況有《仁學》一書，以公于天下，爲法之燈，爲眾生之眼，則烈士亦可以無慊于全世界也夫，亦可以無慊于全世界也夫。烈士流血後九十日，同學梁啓超叙。

《仁學》版本探源

湯志鈞

近代中國的歷史是迅速發展的，時代巨輪不斷前進，一個人的思想也時有變化。反映在他們的作品中，對前所發表的論著，每每有增衍、改易之處。例如章太炎在一八九九年發表〈客帝論〉❶，對清朝的腐朽統治表示不滿，但仍與「尊清者游，飾苟且之心」；到了一九〇〇年，始作「匡謬」；一九〇二年，重爲「刪革」，編爲《訄書》「前錄」。成爲資產階級革命時期的重要文獻之一。但是，一九一四年，章氏將《訄書》增刪，更名《檢論》時，卻將這篇論文刪除了。他的始撰、改訂以至刪削，反映其思想遞變的跡象。又如康有爲在一八八四年始編《人類公理》；一九〇一——一九〇二年間撰成《大同書》，他的「大同學說」即跟隨其思想變化而大相逕庭。再如唐才常受到康有爲、梁啓超的影響後，在他改訂的論文中，也增列了「儒教眞派，厄于劉歆」等命題❷。如果將這些論著，按照最早的刊本錄出，

❶ 見《清議報》第十五冊。

❷ 唐才常：〈論各國變法政教之有無公理〉，原載《湘學報》第五號至第十一號；後來收入《覺顛冥齋內言》卷一，改題〈各國政教公理總論〉，文字內容，有所增損。

而將後出各本校注，將有利於對各該人物思想的探索。可見，對於中國近代人的著作，特別是中國近代思想家的著作，探源比勘，有其必要。

戊戌政變中的急進分子譚嗣同（一八六五——一八九八），只活了三十四歲，沒有章太炎、康有爲那麼經歷長、變化多，但他的代表作品——《仁學》，生前沒有出版。假使我們今天根據不夠原始的版本，非特增加句讀推敲的困難，抑且涉及文義的窺測和譚氏思想的鈎稽。因此，溯源探賾，使之接近原稿的本來面目，將有利於中國近代思想史研究的開展。

一、最早刊登《仁學》的是《清議報》和《亞東時報》，但他們不是同源

首先刊登《仁學》的是戊戌政變發生後梁啓超在日本橫濱發行的《清議報》。它自第二冊起（光緒二十四年十一月二十一日，即公元一八九九年一月二日）開始刊登，直至第一百冊（光緒二十七年十一月十一日,即公元一九〇一年十二月二十一日）刊完,共登載十三次，歷時近三載。這一本子，可以稱之爲《清議報》本。

較《清議報》略後，在上海發行的《亞東時報》，自第五號起（光緒二十四年十二月二十日，即公元一八九九年一月三十一日）連載《仁學》，至第十九號（光緒二十六年正月三

十日❸，即公元一九〇〇年二月二十八日）刊完，共登載十四次，歷時也有一年零兩個月。這一本子，可以稱之爲《亞東時報》本。

爲了便於稽索，茲將《清議報》和《亞東時報》刊登《仁學》情況，表列於下：

❸ 按光緒二十六年正月，無「三十日」；參以該號《亞東時報》報端另署「明治三十三年二月二十八日」，則「三十日」，應爲「二十九日」之誤。

刊名	清議報			
	冊數	刊期	約計字數	累計字數
刊載情況	二	光緒二十四年十一月廿一日，即公元一八九九年一月二日。	一、八〇〇（〈界說〉）	一、八〇〇
	三	光緒二十四年十二月初一日，即公元一八九九年一月十二日。	一、八〇〇	三、六〇〇
	四	光緒二十四年十二月十一日，即公元一八九九年一月廿二日。	三、六〇〇	七、二〇〇
	五	光緒二十四年十二月廿一日，即公元一八九九年二月一日。	三、六〇〇	一〇、八〇〇
	七	光緒二十五年一月二十一日，即公元一八九九年三月二日。	二、七〇〇	一三、五〇〇
	九	光緒二十五年二月十一日，即公元一八九九年三月廿二日。	二、七〇〇	一六、二〇〇
	十	光緒二十五年二月廿一日，即公元一八九九年四月一日。	二、七〇〇	一八、九〇〇
	十二	光緒二十五年三月十一日，即公元一八九九年四月二十日。	二、七〇〇	二一、六〇〇
	十四	光緒二十五年四月初一日，即公元一八九九年五月十日。	二、七〇〇	二四、三〇〇
	四十四	光緒二十六年四月十一日，即公元一九〇〇年五月九日。	一、八〇〇	二六、一〇〇
	四十五	光緒二十六年四月廿一日，即公元一九〇〇年五月十九日。	一、八〇〇	二七、九〇〇
	四十六	光緒二十六年五月初一日，即公元一九〇〇年五月廿八日。	二、一〇〇	三〇、〇〇〇
	一〇〇	光緒二十七年十一月十一日，即公元一九〇一年十二月廿一日。	一九、四〇〇	四九、四〇〇
共計❹	十三次	歷時二年十個月又二十天。	四九、四〇〇	四九、四〇〇

❹ 按《清議報》、《亞東時報》，都是每葉二十六行，每行三十字。《清議報》刊登《仁學》，曾有刪節，但它斷句在正文之中，而《亞東時報》則否，故累計字數，轉以《清議報》本爲多。又兩報的分段空字，也未統計在內。但由此可以看到《亞東時報》第十三號所載《仁學》，即爲《清議報》十四冊以後未載部分。

刊名	亞東時報			
	號數	刊期	約計字數	累計字數
刊載情況	五	光緒二十四年十二月二十日，即公元一八九九年一月卅一日。	一〇、一〇〇（內〈自叙〉約一、〇〇〇字）	一〇、一〇〇
	六	光緒二十五年三月廿五日，即公元一八九九年五月四日。	一、八〇〇	一一、九〇〇
	七	光緒二十五年四月初十日，即公元一八九九年五月十九日。	二、七〇〇	一四、六〇〇
	八	光緒二十五年四月廿五日，即公元一八九九年六月三日。	一、八〇〇	一六、四〇〇
	九	光緒二十五年五月初十日，即公元一八九九年六月十七日。	一、八〇〇	一八、二〇〇
	十	光緒二十五年五月廿五日，即公元一八九九年七月二日。	三、七〇〇	二一、九〇〇
	十二	光緒二十五年六月廿五日，即公元一八九九年八月一日。	一、八〇〇	二三、七〇〇
	十三	光緒二十五年七月初十日，即公元一八九九年八月十五日。	二、七〇〇	二六、四〇〇
	十四	光緒二十五年七月廿五日，即公元一八九九年八月三十日。	三、六〇〇	三〇、〇〇〇
	十五	光緒二十五年八月初十日，即公元一八九九年九月十四日。	五、五〇〇	三五、五〇〇
	十六	光緒二十五年八月廿五日，即公元一八九九年九月廿九日。	三、七〇〇	三九、二〇〇
	十七	光緒二十五年十月十八日，即公元一八九九年十一月二十日。	三、七〇〇	四二、九〇〇
	十八	光緒二十五年十一月廿三日，即公元一八九九年十二月廿五日。	三、七〇〇	四六、六〇〇
	十九	光緒二十六年正月廿九日，即公元一九〇〇年二月廿八日。	四〇〇	四七、〇〇〇
共計❺	十四次	歷時一年零二個月。	四七、〇〇〇	四七、〇〇〇

❺ 同前註。

從上表可以看到，《清議報》刊登《仁學》最早，它早于《亞東時報》二十九天。但《清議報》第十四冊以後，隔了三十冊再行續登；第四十六冊以後，又隔了五十四冊再行續登，以致《清議報》登完《仁學》，反較《亞東時報》遲了一年又十個月。《清議報》為什麼兩度停載《仁學》呢？據《革命逸史》所載：《清議報》「出版數月，除歌頌光緒聖德及攻擊西太后、榮祿、袁世凱諸人外，幾無文字；所載譚嗣同著《仁學》，及譯述日本柴四郎著《佳人奇遇記》，內有排斥滿清論調，為康有為所見，遽命撕毀重印，且誡梁勿忘今上聖明，後宜謹慎從事。」❻按梁啓超於一八九九年五月初，接到康有為從加拿大來函，囑其赴美洲籌組保皇會❼；是年十二月，梁啓超自日赴美，《清議報》交由麥孟華主持。第十四冊至四十三冊《清議報》發刊時，正是梁啓超接到康有為來信，準備離日以至遊美期間；麥孟華的主持《清議報》，也是根據康有為的意圖，防止《清議報》「改弦易轍」，亦即防止其有不利於保皇立憲的言論而由麥主持的。那麼，《革命逸史》所云，不為無據。但，一九〇〇年五月以後，《清議報》為何又予續載呢？我認為可能和康、梁的積極策劃「勤王」有關。這時，康、梁間函牘頻繁，梁啓超也疊函唐才常，談及「勤王」事❽；《清議報》還在第四十三冊

❻ 馮自由：《革命逸史》初集〈橫濱清議報〉。

❼ 梁啓超：〈光緒二十五年三月二十四日家書〉，見《梁任公先生年譜長編》。第二冊第一五四頁。

❽ 見《梁任公先生年譜長編》第二冊第一七八—二一四頁。

刊登唐才常的詩篇，這是繼第十四冊後又一次登載的唐詩❾。《仁學》的續載，就在唐才常的詩篇重錄《清議報》的第二冊。譚嗣同和唐才常是「刎頸交」，日本留學生歸國參與自立軍的很多是譚嗣同的同鄉或學生。以康、梁爲首的改良派，在策劃「勤王」時重載《仁學》，疑有其政治作用。至於《清議報》第一〇〇冊的把它刊完，則因這時國民報社已將《仁學》單行問世（詳後），《清議報》又以「此編之出現於世界，蓋本報爲首焉」❿相標榜，從而以第一百冊全冊四分之一的篇幅將它刊完，此後還重印在《清議報全編》中。

由於《清議報》的兩度停載，以致《仁學》的全部問世，轉以《亞東時報》本爲最早。但兩報差不多在同一月中開始刊登《仁學》，他們據以付印的是一個稿本或抄本呢還是兩個？是《清議報》刊載後《亞東時報》重予轉錄呢還是各有不同來源？我認爲《清議報》本和《亞東時報》本不是同源，而是各有所本。因爲：

第一、《清議報》和《亞東時報》的刊載《仁學》，相差只有二十九天。一個在日本發

---

❾《清議報》第十四冊載有唐才常：〈長相思〉一詩，署名「咄咄和尚蔚藍」；此後僅於第二十二冊載有唐才常：〈贈歐伊庵〉，但署名改爲「弗人」。按歐伊庵即歐榘甲，此詩疑爲唐才常早寄歐榘甲，而經歐付刊《清議報》的。此外，即不見繼續。直至光緒二十六年四月初一日（公元一九〇〇年四月二十九日）《清議報》第四十三冊再有仍用「咄咄和尚蔚藍」署名的〈題星洲寓公攝影小像〉。次期，《仁學》重予續載。

❿梁啓超：〈本館第一百冊祝辭并論報館之責任及本館之經歷〉第四「清議報之性質」，載《清議報》第一百冊。

行，一個在上海出版，以當時的交通、出版條件來說，不可能「轉錄」得如此迅速。況且《亞東時報》第十三號所載《仁學》，即爲《清議報》第十四冊後未載部分；等到《清議報》第四十四冊重刊《仁學》，《亞東時報》早已全部登畢。所以《亞東時報》本不是轉錄《清議報》本，而是別有所本。

第二、《清議報》和《亞東時報》刊載的《仁學》，編次也有不同。《清議報》本首列〈仁學界說〉，冠以梁啓超的〈校刻瀏陽譚氏仁學序〉，而將譚嗣同的〈自叙〉刊落；《亞東時報》本首列譚氏〈仁學自叙〉，未載〈仁學界說〉。如果說《亞東時報》轉錄《清議報》，那麼譚氏〈自叙〉，又將從何而來？當然，《清議報》十四冊以前所載《仁學》較諸《亞東時報》爲早，它也不可能「轉錄」《亞東時報》本的。

那麼，是否是《亞東時報》根據《清議報》所藏底本先事抄錄，再行赴滬排印呢？也不可能。因爲兩本所載，除掉互有刊誤外，更重要的是文字內容也有歧異。

首先，按據〈仁學自叙〉：「書凡五十篇，訂爲二卷，首界說二十七條。」說明《仁學》是訂爲二卷，分成五十篇的。但《亞東時報》刊載〈自叙〉，卻未分卷；《清議報》未載〈自叙〉卻又分卷⓫。那麼，分卷可據《清議報》本，而〈自叙〉則以《亞東時報》刊載最朔。

⓫ 按：《清議報全編》本和國民報社本都載有〈仁學自叙〉，說明清議報社原有〈自叙〉，但未在《清議報》中刊布。

至於〈自叙〉所云「五十篇」，應即五十段。按《仁學》各本原有分段，由於初刊時只是起段另行，並不低兩格排，以致遇到前段排迄，適値行末時，與下一段即易混列；後出各本，據以接排，遂與「五十篇」之數不符。《清議報》本與《亞東時報》本的分段有異，每由於此。但據以〈自叙〉，應是釐爲「五十篇」的⓬。兩本編次，存有歧異，相互勘覆，始得本眞。

其次，《亞東時報》刊完《仁學》全文，而《清議報》本則有刪節。如「斷殺者何？斷不愛根故；斷淫者何？斷愛根故。」直至「性所本無，以無性故」⓭，全部刪去；到了國民報社本和《清議報全編》本始行補出⓮。此外，《清議報》本也有《亞東時報》本未有的字句，以後各本沿自《清議報》，遂爲今本所有。如：

我之心力，能感人使與我同念。故自觀念之所由始，即知所對者品詣之高卑。（第八頁）

⓬ 今將《仁學》各本分段，互勘細核，除《自叙》、《界說》外，適得五十段，應即「五十篇」。重印的《譚嗣同全集》中《仁學》，已予分篇五十。

⓭ 爲了便於讀者檢查，以下所注《仁學》頁數，係據中華書局一九六二年十一月上海第三次印刷本。文中所稱今本，也指這一版本和《譚嗣同全集》所載。這裡是該本第十五—十七頁。

⓮ 按：《清議報》本的刪節《仁學》，在梁啓超的〈譚嗣同傳〉曾有說明，他說：「其《仁學》一書，先擇其稍平易者，附印《清議報》中，公諸世焉。」（見《清議報》第四冊；國民報社本重錄此傳，將這幾句刪去。）

這幾句，《亞東時報》本未載。又如：

惟佛獨幸，其國土本無所稱歷代神聖之主，及摩西、約翰、禹、湯、文、武、周公之屬。（第四十六頁）

《亞東時報》本就沒有「禹、湯、文、武、周公」六字。這種情況，只有兩種可能：其一是雜誌的編者故意將原稿刪節、增衍，或者是無意的刊落；其一是所據「稿本」自不相同。

再次，一八九九年五月以前，《清議報》和《亞東時報》差不多同時刊載《仁學》，但《清議報》本有缺字號（「□」），《亞東時報》本則否。如：

□□□曰：「西人雖日爲槍炮殺人之具，而其心實別有所注，初不在此數十年之夢幻。所謂願諟天之明命，衆惑盡祛而事業乃以勃興焉。」（第二十一頁）

「□□□曰」，《亞東時報》本則作「譚嗣同曰」。

另一方面，《亞東時報》第十四、十五號刊登《仁學》，卻有很多缺字號，如「駐防」、「名糧」、「釐捐」（第五十二頁）、「《明季稗史》」、「《揚州十日記》」、「《嘉定屠城紀略》」、「薙發」、「准部」、「乾隆」、「《南巡錄》」、「《大義覺迷錄》」、

「台灣」、「鄭氏」、「前明」、「華人」、「今之人」（第五十三頁）、「強學會」、「俄國密約」、「東事」、「漢人」、「宋、明」（第五十四頁）、「湘軍」、「洪、楊」（第五十五頁）、「助紂爲虐」（第五十六頁）、「君主」（五十八頁）、「彼君主者，獨兼三綱而據其上」、「而爲之君者」、「妃御」、「獨夫民賊」（五十九頁），都以「□□」表之。而《清議報》第一百冊刊錄時，卻又不缺。

可知這些缺字，原稿不缺，而是雜誌編者爲了「避諱」而予取裁的。但一八九九年五月前，兩報差不多同時刊載，決不可能在「轉錄」時迅速補以缺字；而《清議報》第一百冊續完《仁學》時，《亞東時報》上述缺字，它卻不缺，當然也不是從《亞東時報》本「轉錄」而來。

最後，須予指出的是，《清議報》本和《亞東時報》本文字上也有異同；後出各本每有沿襲《清議報》本，以致文義不易猝解，須以《亞東時報》本勘覆，始能明其原意者。如：

> 見愈小者，見我亦愈切。愚夫愚婦，于家庭所親，則肆其咆哮之威，愈親則愈甚，見外人反畏之而忘之，以切我者與不切于我也。（第十頁）

這一段話，較難領會，而《亞東時報》本則作：

見愈小者，見我亦愈切。愚夫愚婦，于家庭則肆其咆哮之威，愈親則愈甚，見外人反畏之而忘之，以切我者與不切于我也。

意義就明顯了。又如：

又遇中外交涉事，則曰：「民教相安」，或曰：「反教爲民」，煌煌然見于諭旨，見于奏牘，見于檄移文告，是憚無教之名，而其以教專讓于人，而甘自居爲無教之民矣。（第十二頁）

「是憚無教之民」以下，殊難解釋；而核以《亞東時報》本則作「是憚乎教之名，而性甘以教專讓于人；而甘自居爲無教之民矣。」它將「乎」誤植爲「無」；「性甘」誤植爲「其」；各本沿誤，以至於今，一俟《亞東時報》本勘覆，始得其原。這正是《亞東時報》本的不同於別本及其可貴之處。這點，擬於下文再行申述。但就此也可知道它與《清議報》本不是一源。

如上所述，兩報所載《仁學》，存有歧異；這些歧異，決不是單純排校刊印的疏漏，而是所據原本的不同，它們不是同源。

二、《清議報》本源自梁啓超所藏「副本」，而《亞東時報》本則源自唐才常

《清議報》本和《亞東時報》本又是各據何本呢？

《清議報》本的來源，根據梁啓超的自述，係據所藏「副本」刊出。梁啓超最早提到《仁學》來源，是在《清議報》第四冊上發表的〈譚嗣同傳〉⑮，他說：

> 其學術宗旨，大端見于《仁學》一書，又散見于與友人論學書中。所著書《仁學》之外，尚有《寥天一閣文》二卷、《莽蒼蒼齋詩》二卷、《遠遺堂集外文》一卷、《興算學議》一卷。已刻《思緯吉凶台短書》一卷、《壯飛樓治事》十篇、《秋雨年華館叢脞書》四卷、《劍經衍葛》一卷、《印錄》一卷，并《仁學》皆藏于余處。又政論數十篇，見于《湘報》者，及與師友論學論事書數十篇。余將與君之石友□□□□□□□□等共搜輯之，爲《譚瀏陽遺集》若干卷。其《仁學》一書，先擇其稍平易者，

⑮ 在此以前，《清議報》第二冊雖有梁撰〈校刻瀏陽譚氏仁學序〉，但未具體說明它的來源。又〈譚嗣同傳〉復謂政變起，梁啓超勸譚嗣同「東遊，且攜所著書及詩文辭稿本數冊、家書一篋托焉。」

附印《清議報》中，公諸世焉。⑯

後來，梁啓超又予追述：

時譚復生宦隱金陵，間月至上海，相過從，連輿接席。復生著《仁學》，每成一篇，輒相商榷，相與治佛學，復生所以砥礪之者良厚。⑰

其（譚嗣同）所謂新學之著作，則曰《仁學》，亦題曰《台灣人所著書》，蓋中多譏切清廷，假台人抒憤也。書成，自藏其稿，而寫一副本畀其友梁啓超，啓超在日本印行之，始傳于世。⑱

---

⑯ 國民報社本《仁學》，附入本傳，在「〈印錄〉一卷」下，改爲「君死後，皆散佚。又有政論數十篇，及與師友論學、論事書數十篇，均逸去；其見于《湘報》者，僅十之一二耳。」

⑰ 梁啓超：《三十自述》。

⑱ 梁啓超：《清代學術概論》。又梁氏所撰《新中國未來記》謂：「到了上海，在時務報館裡頭，剛遇到瀏陽譚先生嗣同寓在那裡，正著成《仁學》一書，那稿本不過兩三人曾經見過，毅伯先生即日抄得一部，寶藏篋中而去。」（見《新小說》第二號）《新中國未來記》雖然大半寓言，但所言與譚嗣同相晤，以及抄得《仁學》一書，卻係事實。

照此說來，梁啓超所藏乃是《仁學》的「副本」；《清議報》所刊，當即此本。關於這一源流，梁啓超說得比較清楚，這裡不擬贅述。但《亞東時報》載有《仁學》，卻少爲人所注意，對其刊錄經過，尚須鈎稽說明。

《亞東時報》創刊於一八九八年六月二十五日，是以日本人名義在上海創辦的月刊（名爲月刊，時告逾期；第六號起，改爲半月刊）。自第六號起，唐才常參加主持編務。它所刊載的《仁學》，係屬唐才常所藏譚氏稿本或另一抄本。我的理由是：

第一、《仁學》撰成後，雖未公開印行，但譚氏曾「以示一二同志」⑲。在和他交往的朋友中，除梁啓超外，尚有別人見到其稿。如宋恕、章太炎等即曾見過。《太炎先生自定年譜》「光緒二十三年三十歲」記：「會平陽宋恕平子來，與語，甚相得，平子以瀏陽譚嗣同所著《仁學》見示，余怪其雜糅，不甚許也。」據此，章太炎的見到《仁學》，係由宋恕「見示」。宋恕、章太炎和譚嗣同的交誼，不及唐才常，他們尚且看到《仁學》，唐才常不應不知。考譚嗣同在一八九六年十月（九月）由江蘇回到湖北時，曾致書唐才常提到撰述《仁學》事，他說：「若夫近日所自治，則有更精於此者，頗思共相發明，別開一種衝決網羅之學。

⑲《新民叢報》創刊號（光緒二十八年正月初一日出版）載有「《仁學》廣告」，謂：「著成後，恐駭流俗，故僅以示一二同志，秘未出世。」

亦擬還縣一游，日期又急不能定，大要歸則甚速耳。」⑳次年二月十九日（正月十八），譚嗣同：〈致汪康年書〉：「去年吳雁翁到金陵，述卓如兄言，有韓无首大善知識，將爲香港民報，屬嗣同暢演宗風，敷陳大義。斯事體大，未敢率爾，且亦不暇也。近始操觚爲之，孤心萬端，觸緒紛出，非精探性天之大原，不能寫出此數千年之禍象，與今日宜掃蕩桎梏衝決網羅之故，便覺刺刺不能休，已得數十篇矣，少遲當寄上。」㉑謂此時已寫出「數十篇矣」。四月十五日（三月十四日），〈致唐才常書〉云「嗣同蒿目時艱，亟欲如前書所云，別開一種衝決網羅之學，思緒泉湧。率爾操觚，止期直達所見，未暇彌綸群言，不免有所漏耳。」㉒唐才常受其影響，在六月（五月）出版的《湘學報》第五至七期，發表〈質點配成萬物說〉加以引用。譚嗣同讀後，又於八月（七月）致書唐才常：「〈質點配成萬物說〉，竟明目張膽，說靈魂、談教務矣，尤足徵足下救世盛心，於世俗嫌疑毀譽，悍然置之度外，可謂難矣。得此，則嗣同之《仁學》殆欲無作。乃足下於《湘學報》，一則曰縣《仁學》之公理，再則曰《仁學》之眞詮，三則曰《仁學》大興，四則曰宅於《仁學》，五則曰積《仁學》以融機械之心。六則曰《仁學》大昌。轉令嗣同慚惶，慮《仁學》虛有其表，復何以副足下之重許？

⑳ 譚嗣同：〈報唐佛塵書〉，見《譚嗣同全集》第二五一頁，中華書局一九八一年一月版。

㉑ 見《譚嗣同全集》第四九三頁。

㉒ 同上第五二八頁。

然近依《仁學》之理衍之，則讀經不難迎刃而解，且日出新義焉。」㉓那麼，唐才常非但知道譚氏有《仁學》的撰述，且應見其稿，並在自撰文中受其影響。

第二、戊戌政變發生，譚嗣同死難，唐才常「忍不攜二十年刎頸交，同赴泉台。」㉔此後，即籌開上海「國會」和醞釀起事。一九〇〇年自立軍發難前，曾致書其二弟次丞：「來往信札有關時事者，皆付丙丁；惟壯飛之書宜留。」㉕雖未明言「壯飛之書」是何內容，但由此可知他對譚嗣同的手跡、遺著是非常重視的。他如藏有《仁學》的稿本或抄本，也不會散失。

第三、《亞東時報》始刊《仁學》，是該報的第五號，值得注意的是唐才常的詩文首載《亞東時報》，也是第五號㉖。按這一號的刊期是一八九九年一月三十一日，當時唐才常尚未到滬，但他和《亞東時報》已有聯繫。《仁學》在該號始刊，目錄未載。我很懷疑這一號

㉓同上第二六二頁。

㉔唐才常：〈挽譚嗣同聯〉，見《唐才常集》第二六五頁。

㉕唐才常：〈致唐次丞書〉，見《湖南歷史資料》一九五八年第三期；〈唐才常的家書和課卷〉，見《唐才常集》第二五三頁。

㉖唐才常的詩文首載《亞東時報》，是該報第五號的〈次深山獨嘯荒井冒頓唱和韵〉，署名「天游居士」。

早經排就，《仁學》卻是後印附入的㉗。不久，唐才常抵滬，《亞東時報》第六號起，由他參加主持編務，《仁學》也正式列入目錄，作爲該報「附錄」。唐才常在一八九九年四月十三日（光緒二十五年三月四日）〈致程淯書〉中提到：「弟日夕爲報務牽纏，幾無暇晷……第七號不日又將出版。」㉘可以推知第七號前他已參加編輯《亞東時報》。參以唐才常〈致江標書〉：「始以二月初二夜，道出江西之袁州，歷南昌、九江，仍回翔於滬上。」㉙以及《亞東時報》第六號的刊期（一八九九年五月四日出版），則唐氏參預編務，應爲第六號。唐才常既參加主持《亞東時報》編務，《仁學》又在該報連載，則《亞東時報》本的來自唐才常，應屬可能，他爲「報務牽纏，幾無暇晷」，將其摯友譚嗣同所撰《仁學》，按期刊登，編次、文字又和梁啓超在橫濱《清議報》刊布的有所不同。那麼，唐才常應有梁啓超以外的另一《仁學》稿本或抄本。

照此說來，最早刊登《仁學》的是橫濱《清議報》和上海《亞東時報》，兩報差不多同時登載，而來源卻自不一：一個來自梁啓超所藏「副本」，一個來自唐才常所藏稿本或抄本。

㉗ 《亞東時報》第五號目錄首列「論說」，「論說」首葉且識「《亞東時報》第五號」字樣；各篇順次編葉。而《仁學》則爲另葉單載，與各篇不相聯繫。

㉘ 唐才常：〈致程淯書〉手跡，上海圖書館藏，見《唐才常集》第二五五頁。

㉙ 唐才常：〈致江標師書〉，己亥三月十一日，見《逸經》第二十二期，同上第二四〇頁。

三、國民報社以後各本，都沿自梁啓超所藏「副本」

《仁學》的單行出版，以一九〇一年十月十日由「國民報社出洋學生編輯所」署名發行之本爲最早。發行地址雖識以「上海新馬路餘慶里三街十九號」，實際是在日本東京印行。次年八月五日，《仁學》再版。

國民報社印行的《仁學》，封面上題「瀏陽譚壯飛先生著」，下識「國民報社藏板」。附有譚嗣同像和梁啓超所撰〈譚嗣同傳〉。釐爲二卷，首揭〈仁學自叙〉和〈仁學界說〉。鉛字排印，白報紙印刷，平裝一冊，共一百二十二頁㉚。它的來源，據自梁啓超所載「副本」，而不是《亞東時報》本。理由是：

第一，國民報社本卷首載有梁啓超所撰〈譚嗣同傳〉，〈譚嗣同傳〉係梁撰《戊戌政變記》中的一個組成部分，首載《清議報》第四冊，今將其與《仁學》合刊，說明它和梁啓超有關㉛。

㉚ 另見國民報社印行的有光紙本一種，線裝一冊，版式與白報紙全同，惟一葉雙面，改一百二十二頁爲六十一葉，末附「仁學正誤記」一頁。

㉛ 〈譚嗣同傳〉，《國民報》本和《清議報》本有異，已見上引；後來梁啓超將它收入《戊戌政變記》時，卻與《清議報》本略同。可見《國民報》本刊行時，梁啓超曾將自撰〈譚嗣同傳〉重作改繕。而《戊戌政變記》重錄此傳，則據《清議報》匯發。

第二，梁啓超：〈三十自述〉稱「辛丑四月，復至日本。邇來蟄居東國，忽又歲餘矣，所志各事，百不一就，惟日日爲文字之奴隸。」則國民報社本在日本付印期間，梁啓超正在日本。

第三，《亞東時報》本並不分卷，《清議報》本則釐爲二卷，國民報社本不同於《亞東時報》本而同於《清議報》本。

第四，《清議報》本缺少〈仁學自叙〉，國民報社本載有此叙，但所載「自叙」，和《亞東時報》本多異，而與後來印在《清議報全編》中的《仁學》相同，例如：

能爲仁之元而神於無者有三：曰佛，曰孔，曰耶。而孔與耶仁同，而所以仁不同。（第二頁）

《清議報全編》與國民報社本同，《亞東時報》本則作：

能爲仁之元而神於無者有三：曰佛，曰孔，曰耶。佛能統孔耶，而孔與耶仁同，而所以仁不同。

多「佛能統孔耶」一句。

然其能衝決，亦自無網羅；眞無網羅，乃可言衝決。（第三頁）

《清議報全編》與國民報社本同，而《亞東時報》本作：

然眞能衝決，亦自無網羅；眞無網羅，乃可言衝決。

「其能」，《亞東時報》本作「眞能」，以「眞能」爲是。

〈自敘〉末段，兩本不同很是顯著，國民報社本作：

吾慚吾書未饜觀聽則有之，若夫知解爲誰某，爲幾何，非所敢患也矣。書凡五十篇，分爲二卷，首界說二十七條。華相衆生自敘於蟲蟲蟲天之微大弘弧精舍。（第三頁）

《清議報全編》與此全同，而《亞東時報》本則作：

吾慚吾書未饜觀聽，則將來之知解爲誰，或有無洞抉幽隱之人，非所敢患矣。成書凡五十篇，分爲二卷，首界說二十七條。

《亞東時報》本首句涵義即異：「若夫知解爲誰某，爲幾何，非所敢患也矣。」作「則將來之知解爲誰，或有無洞抉幽隱之人，非所敢患矣。」末句署名缺。

《清議報全編》是在該報出滿一百冊後，因「索補者絡繹不絕」，而「將全編重行校印」的；他對「原本附印各書，多有未完者，今爲補綴之，以饜讀者之望。」㉜《仁學》在《清議報》最後一冊以極大篇幅刊完，而〈自叙〉卻係「補綴」。《清議報全編》的〈仁學〉，自係源自清議報社，亦即梁啓超所藏「副本」。今以〈仁學自叙〉爲例，看出它與國民報社本相同，而與《亞東時報》本相異，說明國民報社本與《清議報》本同源。

第五，在《仁學》本文中，國民報社本和《清議報》本相同而與《亞東時報》本有出入的情況頗多，如：

> 而元之數，則算所不能稽，而終無有已時。（第八頁。國民報社本和《清議報》第三冊同）

而《亞東時報》本則作「則巧曆所不能稽」。「算」作「巧曆」。這種不同，顯然不是抄校排植的訛奪。國民報社本同於《清議報》本而不同於《亞東時報》本，因爲它和《亞東時報》本不是一源。

㉜ 〈清議報全編緣起及凡例〉，見《清議報全編》卷端。

但是，國民報社本雖和《清議報》本同源，但它的印行卻有重要意義；又因它據自梁啓超所藏《仁學》「副本」抄錄付印，以致和前此《清議報》所附、後來《清議報全編》所刊也有不同。這主要表現爲：

第一、國民報社是具有資產階級革命思想的知識分子創辦的，他將《仁學》首先單行問世，使讀者得睹全帙。（《亞東時報》雖已將《仁學》載完，但所行不廣，又是分期連載；至于《清議報》則甫經載至「卷二」。）這樣，譚氏的「衝決網羅」思想，遂在資產階級革命派中流行。因而，它的出版，遠比以宣傳君主立憲爲主的《清議報》本爲廣泛和深遠㉝。

第二、這時《清議報》非但未將《仁學》刊完，就是刊登部分，也有刪節、誤植、重複。例如「斷殺者何」一段，《清議報》刪去（見前）；「以太之用之至靈而可徵者」一段，倒排在「天地間亦仁而已矣」一段之後：「天地間亦仁而已矣」一段又在該報第三冊和第四冊兩見。而國民報社本則不然。國民報社本單行時，《清議報》尚未載畢《仁學》，它的未刊部分由何而來？《清議報》本刪節、誤植、重複之處，國民報社本都予補正，又是由何補正？可知它不是從《清議報》所刊《仁學》拼合匯印的，而是根據梁啓超所藏「副本」重行抄錄排印的。

第三、由於國民報社本是根據梁啓超所藏「副本」抄錄排印，於是又出現了下列兩種情

㉝ 後來，以揭露清朝黑暗統治、宣傳民主革命爲主旨的《黃帝魂》一書，選錄《仁學》，題稱《君禍》。

況：其一是《清議報》本同於《亞東時報》本，而國民報社本卻與之不同，後來的《清議報全編》本也與之不同，例一：

質點不出乎七十三種之原質。（十八頁，國民報社本、《清議報全編》本）

質點不出乎六十四種之原質。（《亞東時報》本、《清議報》本）

例二：

中國之礦，富甲地球，夫誰掣其肘，攦其指，不使其民採之取之，而僅恃已出之支流，以塞無窮之漏卮乎？（三十九頁。國民報社本、《清議報全編》本）

「以塞無窮之漏卮乎？」《亞東時報》本、《清議報》本作「以塞無當之玉卮乎？」

從例一來看，「七十三」、「六十四」的不同，顯然不是排校的錯誤；從例二來看，「無窮之漏卮」，「無當之玉卮」，亦有其不同涵義。這種情況，說明《仁學》在《清議報》刊出時，梁啓超所藏「副本」原作「六十四」；作「無當之玉卮」；國民報社借以付印、卻作「七十三」，作「無窮之漏卮」。那麼，「副本」必已改易、推衍。誰去改易、推衍的呢？以梁啓超的可能性爲最大，因爲《仁學》副本是他所收藏的。

另一種情況是，《亞東時報》本、《清議報》本未有的文句，見諸國民報社本，而後來的《清議報全編》也未刊載，如「水火電熱聲光學乃得而用之，農礦工藝製造學乃得而用之」（第二十二頁）兩句，只有國民報社本有（後來據以重印的日本鉛字排印本也有）。這種情況，全書並不多見，但可視爲國民報社的抄衍或擅增。照此說來，國民報社本雖源自梁啓超所藏，但對「副本」原文卻又有所增改了。

國民報社本出版以後，在日本印行的，還有《清議報全編》本和鉛字排印本兩種。

《清議報全編》本載該編第二集「名家著述」中，橫濱新民社輯印。首列梁啓超〈校刻瀏陽譚氏仁學序〉，次〈仁學自敘〉，次〈仁學界說〉，下爲《仁學》兩卷。凡是《清議報》刪節、誤植、重複的都予改正，可知它不是把《清議報》所刊《仁學》匯排，而是根據「副本」重印的。《清議報全編》沒有註明出版日期，按《清議報》終刊於一九〇一年十二月二十一日，重編匯印，自應更後；在它的〈緣起和凡例〉中又提到《新民叢報》，《新民叢報》發刊於一九〇二年，則《清議報全編》自爲一九〇二年以後所出。這樣，它的全載《仁學》，實較國民報本爲遲。

此外，另見兩種日本鉛字排印本，都未注明出版處所和年月，一本四十七葉，一本五十二葉，實係根據國民報社本重印，而排校失檢，較諸國民報社本尤多。

如上所述，國民報社本是《仁學》的第一個單行本，它源自梁啓超所藏「副本」，但文字已有出入；後來各本，沿自國民報社本，更非《亞東時報》本或《清議報》本之舊了。

四、重印《仁學》，應以《亞東時報》本爲依據，而將各本比勘

五十年代以來，譚嗣同《仁學》歷經重印，一九五四年三月三聯書店出版的《譚嗣同全集》把它列在第一卷；一九五八年十一月中華書局上海編輯所重新排校單行本，至一九六二年十一月已印刷三次；中國科學院哲學研究所中國哲學史組編的《中國哲學史資料選輯——近代之部》且予選注。（一九五九年五月中華書局出版。）這些，對中國哲學史、中國近代思想史的研究，以及譚氏思想的探索，起了很大作用。但它們或者據自國民報社本，或者據自鉛字排印本，實際上都源於國民報社本一線，並不是最早的版本。

我認爲重印《仁學》，應以《亞東時報》本爲依據，因爲：

第一、《亞東時報》本是根據唐才常所藏《仁學》稿本或抄本排校付印的，它比梁啓超所藏「副本」更爲可靠；它又是第一個印畢《仁學》的本子，非但比國民報社本更爲原始，且較《清議報》本爲直接可靠。追本溯源，應以《亞東時報》本爲依據。

第二、《清議報》本既有刪節、誤植、重複，國民報社本和《清議報全編》本又經磨勘，鉛字排印本則係晚出。在目前《仁學》稿本未曾發現的情況之下，《亞東時報》本不失爲比較完整可靠的版本。

第三、今行各本，沿自國民報社本；國民報社本源自梁啓超所藏「副本」。歷經抄印，有乖原文，以致有的文義晦澀，頗費踟躕；而覆以《亞東時報》本，卻可煥然冰釋。也就是

說，各本均誤，只有《亞東時報》本爲正的。除掉上面已引的不予贅列外，再舉數例如下：

且逆水而防愈厚，水力亦愈猛，終必一潰決，泛濫之患，遂不可收拾矣。（第十六—十七頁）

「且逆水而防愈厚」，文意不顯。覆以《亞東時報》本，作「且逆水而防，防愈厚，水力亦愈猛」，則各本並落「防」字。

孔雖當據亂之世，而黜古學、攺今制，托詞寄義于升平、太平，未嘗不三致意焉。（第四十六頁）

「攺今制」，以《亞東時報》本作「改今制」爲宜（「攺」、「改」形近而誤）。

故本人與己，本非二致；而人心者，反本不可攫者也。攫之以信義，在有道者觀之，猶以爲其效極其不信不義，況攫之以不信不義，其禍胡可言哉！（第六十八頁）

這一段話，顯有舛誤。核以《亞東時報》本，則作：

> 故夫人與己，本非二致；而人心者，又可固不可攖者也。攖之以信義，在有道者觀之，猶以爲其效必極于不信不義；況攖之以不信不義，其禍胡可言哉！

幸虧有《亞東時報》本存在，始能糾正各本的沿誤。

第四、《亞東時報》以外各本，有其刊落之處，如：

> 斷殺以斷淫，不能不一切剷除之也。曰錮婦女使之不安也，曰嚴男女之際使之不相見也，曰立淫律也，曰禁淫書也，曰恥淫語也，雖文明如歐、美，猶諱言床簀，深以淫爲羞辱，信乎達者之難覯也。（《亞東時報》本）

各本「床簀」并作「床第」，尚無涉文義；而「曰錮婦女使之不安也，曰嚴男女之際使之不相見也」二句，則各本并落。還是《亞東時報》擅增呢？還是梁啓超所藏「副本」原無或付印時刊落？前者的可能性不大，檢以《亞東時報》所載《仁學》全文，也無擅增情況；應以後一種的可能爲大。那麼，按照《亞東時報》本補出，而將各本刊落注明，也有利於讀者的考索。

基於上述，重印《仁學》，自應以《亞東時報》本爲依據。但，以《亞東時報》本爲依據，並不意味將它彙總複印，而須嚴加比勘，參校各本。因爲：

第一、《亞東時報》本畢竟不是譚氏《仁學》手稿，它在排校方面，也有錯誤，如「華藏世界」（第八頁），誤作「善藏世界」；「葛屨園桃之刺」（第三十四頁），誤植爲「桃園」；「自由」（第五十九頁）誤作「有由」。這些，應據各本勘正。

第二、《亞東時報》在國內印行，以致晚出各期，中有缺字，如上述「駐防」、「名糧」、「釐捐」、「前明」、「洪、楊」、「獨夫民賊」等，都以「□□」號表之，這些缺字，很多可據別本補出。

第三、《清議報》本雖和《亞東時報》本不是一源，但它不是沿襲轉錄，而是各據所本。這樣，正可勘覆《亞東時報》本的排校失檢；國民報社本雖屬晚出，但它畢竟還是首出的單行本，也可作爲參校之資。例如：「如牛鼻之有錐，魚鰓之有柳」（第六十九頁），只有《清議報》本作「如牛鼻之有雒」。按據鄭玄《周禮注》稱，東漢時謂貫牛鼻之繩爲「雒」，則以《清議報》本爲是。因此，只有相互比勘，始能恢復《仁學》之舊，并使之成爲一個比較完整之本。

原載《學術月刊》一九六三年第五期，收入《康有爲與戊戌變法》，中華書局一九八四年出版

附識

本文是在《譚嗣同全集》的編者方行先生和上海圖書館館長顧廷龍先生的督促和協助下試擬的。全稿成後，又蒙他們出示珍藏資料各種，提出很多寶貴意見，還有上海圖書館的

同志也多方幫助，並代查《清議報》、《亞東時報》各期發刊《仁學》字數，均此誌感。

又，本文在《學術月刊》一九六三年五月號發表不久，中華書局近代史編輯室張靜廬先生來函，認爲「梁啓超不會把自己藏的「副本」交給國民報社去排印出版，原因爲：

大作〈仁學版本探源〉已經拜讀，你作了這樣的仔細校勘和分析，我完全同意你的結論，《亞東時報》本比《清議報》本更原始，可能是唐氏藏的抄本或稿本，《仁學》内容應以此爲主，再與各本合校。

關於「國民報社」本，我還有一點主觀想法，供你參考。按《國民報》主辦人爲秦力山等，秦原是《清議報》編輯人之一，《清議報》上常有文章發表署名力山遯公、遯厂等，後來與馮自由合辦《開智錄》。梁啓超所藏《仁學》副本，他是見到過的，梁氏刪改《仁學》他也是知道的，馮自由《革命逸史》所述，顯是秦告訴他的（因馮未參加《清議報》）。秦辦《國民報》時，已與梁氏分道揚鑣，《國民報》在東京出版，只出四期，因經費支絀停刊，該報主張顚覆清廷，其印行《仁學》是有政治意義的。《國民報》創刊于一九〇一年，同年出版《仁學》，地址同在東京，足見與在橫濱的《清議報》無關。《國民報》停刊後，秦等即回上海主辦作新社，這個發行地址「上海新馬路餘慶里三號」可能就是作新社的廠址，當時還沒有掛出「作新社的牌子（作新是由日本人出面的，所以敢把地址印上去）。秦的底本可以有二個來源，一個秦氏自己藏有譚氏的原稿的抄本。因爲秦是湖南人，有機會讀到原稿，也有機會讀到別人抄的本子（宋平子可以有，不能斷定秦力山不會有）。他之所以先《清議報》未刊完而印行，正是不滿意梁氏之刪改或《清議報》的分割連載所致。不過以上僅憑臆測，手頭無資料可憑，亂說山海經，請勿責其狂妄，幸甚。

信旁左、右兩側，各有兩行附註：

《章太炎自定年譜》說：「湖南秦遯力山者，故唐才常黨，事敗東走，卓如不禮焉」。然則秦之《仁學》本，亦有可能從唐處得之，所以《亞東》本末有□□，《清議》未刊而《國民》本已補正了。

《清議報》還沒有載完前，梁啓超不會把自己藏的「副本」交給國民報社去排印出版，因爲這樣做，顯然對《清議報》不利，并有損報的信譽的。所以說秦力山手上另有「抄本」或稿本。

張靜廬先生的來信，促使我進一步探索《國民報》以後各本是否沿自梁啓超所藏副本的問題。靜廬先生的信是五月二十三日發出的，我在五月三十一日覆函說明，認爲《國民報》本還是源自梁藏副本。我的理由是：

第一，馮自由所記秦力山「分任橫濱《清議報》筆政」事，時日有誤。查《革命逸史》初集對此多處記載：

〈秦力山事略〉說：「己亥秋，梁啓超設高等大同學校于東京，函招時務學堂舊生從學，應之者二十餘人，力山預焉。力山既莅日本，日讀法儒福祿特爾、盧騷等學說及法國大革命史，復結識孫總理、章炳麟、沈云翔、戢元丞諸人，漸心醉革命眞理，種族觀念，油然以生。是年冬，梁啓超赴檀香山，延力山分任橫濱《清議報》筆政，力山藉以發抒政論，文名由是漸顯。」（第八五－八六頁）

〈橫濱開智錄〉說：「己亥冬，梁啓超自日本赴檀島，橫濱《清議報》筆政由麥孟華攝理，報中文字則由湘籍學生秦力山、蔡松坡、周宏業諸人分任之。……時《清議報》言論大受康有爲直接干涉，稍涉急激之文字俱不許登載。」（第九五頁）

〈東京國民報〉說：「庚子冬，湘人秦力山在安徽大通起兵失敗，遂亡命至東京，與沈云翔、戢元丞、楊廷棟、楊蔭杭、雷奮、王寵惠、張繼諸人發刊《國民報》月刊。」（第九六頁）

〈東京國民報補述〉說：「發刊于辛丑五月十日，事務所設在東京小石川區山御殿町百十番地，編輯所設在麴町區飯田町六丁目二十四番地。」（第九七頁）

查梁啓超於光緒二十五年十一日離開日本，見《梁任公先生年譜長編》。秦力山亦于是年冬離日返國，與唐才常、林圭等謀「起兵勤王」事。這時，秦力山沒有「分任《清議報》筆政」。在一八九九年冬到一九〇〇年間，《清議報》上只見很少幾篇，論文僅見〈論衡州向道隆勤王之事〉，未署名；詩也只刊兩次，即〈任公夫子米洲壯行歌以送別〉，載第三十七冊，光緒二十六年二月一日出版，署名「遯廠」；〈題宿園先生風月琴尊行看子〉、〈宿園先生屬題選詩圖〉，載第五十一冊，同年六月二十一日出版，署名「力山遯厂」。似難單就這些說秦力山已「分任筆政」。

第二，自立軍起義失敗後，秦力山仍與梁啓超往來，即便他在經辦《國民報》時，也有詩文在《清議報》發表。

自立軍失敗後，秦力山在《清議報》上，不但有詩篇，還有論文，初步統計，光緒二十七年，有〈吊漢難死友〉，載第七〇冊，正月初一日出版，署名「遯公」；〈甦夢錄〉，載七十八、七十九、八〇冊，三月二十一日、四月初一日、四月十一日出版，署名「力山遯公」；七十八冊另有〈和島主寄懷任師二首次原韵〉和〈政黨說〉，未署名，《清議報全編》作「秦猛」，即力山。七十九冊另有〈論非立大政黨不足以救將亡之中國〉，列爲「本館論說」；〈論奴隸〉，載第八〇冊，四月十一日出版，列爲「本館論說」，署名「公奴隸力山」；〈法成去後第三夜隱幾若有所思〉，八月十一日出版，署名「遯公」。那麼，他的撰文，是在光緒二十七年後，且作爲「本館論說」，可知秦力山「分任《清議報》筆政」，是自立軍起義失敗以後之事。

自立軍起義失敗，秦力山對康有爲的擁資不匯是有意見的，而對梁啓超呢？似乎有所不同；如果他和梁之間這時政見全異，他的文章也不會作爲梁啓超主持的《清議報》「本館論說」。他在〈和島主（邱煒萲）寄懷任師〉還有「講堂說法更吾腦，廿歲浮生不二師」之句。

值得注意的是，自立軍起義失敗後，對「勤王」仍無貶辭，如〈吊漢難死友〉，以屈原、駱賓王、彌衡、南霽云、張巡，日本西鄉隆盛、月照等「赴君之難」之人比「漢難死友」，沒有批判保皇會。又如〈論非立大政黨不足以救將亡之中國〉，是作爲《清議報》的「本館論說」刊出的，文中對中國「以大地爲一家之私橐，人民爲一姓之私奴」，鼓吹民主，對當時「守舊」、「維新」人士也有譏議，但他又主張「爲譯東西各國之所謂黨史者，作我國民先路之導，以輸進文明」，和梁啓超當時思想仍近。那麼，自立軍失敗後，秦力山在《清議報》撰文較過去爲多，他和梁啓超仍相往來，并沒有和梁「分道揚鑣」。

第三，秦力山經歷《國民報》時，仍在《清議報》發表文章，就《仁學》的刊行來說，不會是秦力山因不滿意梁啓超而另刊。

秦力山「嘗師瀏陽譚嗣同，入南學會」。（章太炎：〈秦力山傳〉，《制言》第十五期。）對譚嗣同是欽佩的。但他并沒有另一《仁學》抄本，《國民報》所刊《仁學》，卻是源于梁啓超一線，其一從他經辦《國民報》的時間來說，《國民報》共出四期，始于一九〇一年五月十日，終于八月十日，當光緒二十七年四月十二日至七月十六日，而〈說奴隸〉刊于「四月十一日」，〈法成去後第三夜隱幾若有所思〉刊於「八月十一日」，可知，他在經歷《國民報》時，仍爲《清議報》撰稿。

其二，《國民報》確有駁斥梁啓超的文章，那是第四期上章太炎的〈正仇滿論〉，是針對梁啓超在《清議報》第七十七冊至八十四冊的〈積弱溯源論〉而予批駁的。但文後又有《國民報》的編者注云：

右稿爲內地某君寄來，先以駁斥一人之言，與本報成例，微有不合，原擬不登；繼覩撰者持論至公，悉中于理，且并非駁擊梁君一人，所關亦極大矣；急付梨棗，以餉國民，使大義曉然于天下，還以質之梁君可也。本社附志。」

申明是「來稿」，與「本報成例，微有不合」，對梁啓超還有回護之意。

其三，《國民報》社本的《仁學》文字與《清議報》本同，已如上述，所附梁啓超：〈譚嗣同傳〉，在「印錄一卷」下改爲「君死後，皆散佚。又有政論數十篇，及與師友論學、論事書數十篇均逸去；其見于《湘報》者，僅十之一二耳」等語。可證《國民報》本與梁啓超有關。

其四，光緒二十八年正月初一日梁啓超在日本發刊的《新民叢報》第一號「紹介新書」中介紹《仁學》，上面標明：「故瀏陽譚嗣同遺著，橫濱清議報館印，東京國民報社再印，定價五毫。」說明《國民報》是「再印」。「內容介紹」云：

此書爲瀏陽譚氏丙申、丁酉間在金陵所著，分上、下二篇，前有〈界說〉，後有〈自序〉，蓋精心結撰之作也。著者在吾國政治界、學術界，皆爲開山擘石之原動力，其人物之偉大，稍有識者皆能知之，無待贅言。此書以佛學、格致學二者爲根，凝合一爐而冶之，而歸之于實用，故其中有魂學，有倫理學，有政治學，有理財學，尋常人所視爲各不相屬之學科，淆雜并陳，而以一大理貫之。蓋著者之眼中，見天下事物，無精無粗，無大無小，皆一切平等故也。其思想出乎天人，入乎人人，殆非有鈍根衆生所能夢見者。著成後，恐駭流俗，故僅以示一二同志，秘未問世，及其爲民流血，功成身退，同人乃謀弘布之。吾國人于形質上、精神上，有種種奴隸根性，積之數十年，非有獅子吼之說法，不足以震蕩之而滌除之。若《仁學》者，眞宜家置一編，日讀一過，以自解釋而自警策者也。或病其言太龐雜，忽彼忽此，未能首尾完具，成一家純全之哲學，斯固然也。然著者未通歐、美一國之語言文字，未嘗一讀他國之書，毫無憑藉，而能發此無上之思想，此豈異覽三家之學說，摭人牙慧以自炫者所能雌黃哉！著者至誠人也，誠積于心而形諸言，此書非徒教授學者以理論，而感化學者以精神也。讀其書，當學其爲人，則瀏陽死而未死矣。

「介紹」，似亦出于梁啓超手筆。《國民報》「再印」《仁學》，《新民叢報》還爲「介紹」，可知從《仁學》的刊行來說，梁、秦之間不會有矛盾，《國民報》的「再印」，還是根據「清議報館」，即梁啓超的「副本」「再印」的。

張靜廬先生和我商榷《仁學》版本問題，至今已近二十年了。經過「十年動亂」，原信和我草擬覆信時的札記居然幸存，而靜廬先生卻已早歸道山了。考慮這一問題，可能還有人致疑，故補識于此，并悼念靜廬先生。

又，此文發布後，檢狄葆賢（平子）《平等閣筆記》：「湘中南學會，聚一時之俊傑，任公忽病，復生來視疾，說法竟日。次日，復生與任公書。」又說：「吳雁舟先生說心法于上海，公惟恐蹈空，驚懼不敢受，嗣同深以爲怪，蓋公之病已萌芽于此矣。」又據章士釗：〈疏黃帝魂〉：「吾初見《仁學》，乃東京國民報社所印，而《國民報》又根據橫濱《清議報》版本」。說明《國民報》本源于《清議報》本。又說：「譚氏在金陵著書之年，譚、吳（嘉瑞，即雁舟）交接綦密，譚以《仁學》示吳，吳錄副而去，大有可能。」并引《貴州革命散記》吳嘉瑞「愛好《仁學》，津津樂道」爲證。（全國政協文史資料委員會：《辛亥革命回憶錄》第一集第二二五—二二七頁，中華書局一九六一年十月版。）那麼，吳嘉瑞也曾看到《仁學》。

另據譚嗣同：《與唐紱丞書》：「南昌沈小沂，……東事後，久不相問。邇忽得其書，言于《時務報》見嗣同著有《仁學》，爲梁卓如所稱，不知中作何等語」。（《湖南歷史資料》一九五九年第四期。）那麼，沈小沂也曾看到過《仁學》，又是在時務報館看到，「爲梁啓超所稱」的。并誌于此，以供參考。

一九八一年五一節前夕

（原載《康有爲與戊戌變法》，中華書局一九八四年出版）

國家圖書館出版品預行編目資料

仁　學

／譚嗣同著；湯志鈞，湯仁澤校注．--初版．
--臺北市：臺灣學生，1998[民87]
面；　公分．

ISBN 957-15-0907-8（精裝）
ISBN 957-15-0908-6（平裝）

1.（清）譚嗣同 - 學術思想 - 哲學

127.82　　　　87013444

仁學（全一冊）

著作者：譚嗣同
校注者：湯志鈞、湯仁澤
出版者：臺灣學生書局
發行人：孫善治
發行所：臺灣學生書局
臺北市和平東路一段一九八號
郵政劃撥帳號〇〇〇二四六六八號
電話：三六三四一五六
傳眞：三六三六三三四
本書局登記證字號：行政院新聞局局版北市業字第玖捌壹號
印刷所：宏輝彩色印刷公司
地址：中和市永和路三六三巷四二號
電話：二二二六八八五三
定價　精裝新臺幣二一〇元
　　　平裝新臺幣一四〇元
西元一九九八年十一月初版

12702

ISBN 957-15-0907-8（精裝）
ISBN 957-15-0908-6（平裝）